Karl-Heinz Rauscher

König sein im eigenen Reich

Karl-Heinz Rauscher

König
sein
im eigenen Reich

Das Drei-Schritte-Programm zu einem selbstbestimmten Leben

Verlag Hermann Bauer
Freiburg im Breisgau

Die Deutsche Bibliothek – CIP-Einheitsaufnahme

Rauscher, Karl-Heinz:
König sein im eigenen Reich : das Drei-Schritte-Programm
zu einem selbstbestimmten Leben / Karl-Heinz Rauscher. –
2. Aufl. – Freiburg im Breisgau : Bauer, 1998
ISBN 3-7626-0572-6

2. Auflage 1998
ISBN 3-7626-0572-6
© 1998 für die deutsche Ausgabe
by Verlag Hermann Bauer KG, Freiburg im Breisgau
Lektorat: Dr. Sonja Klug
Einband: Rainer Schorm, Freiburg im Breisgau
Illustrationen: Dr. Karl-Heinz Rauscher
Satz: CSF · ComputerSatz GmbH, Freiburg im Breisgau
Druck und Bindung: Clausen & Bosse GmbH, Leck
Printed in Germany

Inhalt

8

Für meine Eltern

Vorwort

Mir ist in den letzten Jahren ein Wissen zugewachsen, das mein Leben grundlegend verändert hat und das ich wert finde, mit Ihnen zu teilen. Es ist ein Wissen, von dem ich nach neun Jahren Schule, sechs Jahren Medizinstudium und zehn Berufsjahren als Arzt noch keine Ahnung hatte. Dieses Wissen ist mir durch Bücher und durch Gespräche zugetragen worden. Zur Gewißheit wurden mir die gelesenen Weisheiten jedoch erst durch eigene Erfahrungen.

Das Wissen, von dem ich spreche, berührt das zentrale Wesen des Menschen. Es berührt Gott und bereitet vor auf ein Leben voller Freude und Glück.

Das vorliegende Buch handelt von Weisheit und erklärt, wie auch Sie durch Erfahrungen weise und Ihr Leben voller Glück werden kann. Ich gebe das notwendige Wissen an Sie weiter und zeige auch den Weg in die direkte Erfahrung, die Gewißheit bringt.

Das Buch spricht eine klare Sprache, denn unsere richtungslose Welt braucht Klarheit. Genießen Sie die Einfachheit mancher Passagen, denn kompliziert ist nur der Verstand, die Wahrheit ist einfach.

Einführung

Das menschliche Leben auf Erden, eingebettet zwischen Geburt und Tod, hat einen Sinn. Das Leben braucht uns ganz. Es will uns ganz, mit Haut und Haaren. Keiner bleibt ungeschoren, keiner entflieht seinem Schicksal.

Der Weltenlohn ist nichts Vergängliches. Was am Ende steht, zählt. Das Leben ist kostbar. Es als etwas Kostbares zu behandeln und zu bewahren, seine Herausforderungen anzunehmen und seinen Sinn zu erfüllen, ist unsere Aufgabe und unser Lebensglück.

Jetzt, am Ende des Fischezeitalters und an der Schwelle des Wassermannzeitalters, hat die einseitige Orientierung an der Materie ihren Zenit überschritten. Der Geist gewinnt an Boden.

Ist Ihnen bewußt, daß das Fischezeitalter in *Ihnen* zu Ende geht und das Wassermannzeitalter in *Ihnen* beginnt? Wissen Sie, daß Sie das Privileg haben, in einer aufregenden Zeit zu leben, einer Zeit, die Großes verlangt und Großes schenkt? Wissen Sie, daß der Zeitgeist auch Sie schon erfaßt hat? Dieses Buch halten Sie nicht umsonst in Händen. Es ist Ihnen von Kräften in die Hände gespielt worden, die Ihr Bewußtsein erweitern wollen. Für das, was im Leben auf Sie wartet, brauchen Sie das Wissen, das Ihnen in diesem Buch mitgeteilt wird.

Die Sicherheiten, nach denen der moderne Mensch strebt, zerfallen. Der Arbeitsplatz wird unsicher, die Renten werden in einigen Jahren unbezahlbar. Die materielle Wiege, in die sich der Mensch so gerne legt, bricht. Das Leben hat kein Sicherheitsnetz. Es ist bodenlos und himmelhoch.

Es gilt, für die gegenwärtige prekäre Lage niemandem einen Vorwurf zu machen. Die Entwicklungsschübe der Menschheit verlaufen nach ihrer eigenen Dynamik. Die Zuspitzung der Lage gehört dazu.

Erst sie bringt klare Sicht, erst sie bewegt die Menschen. Den Zusammenbruch vor Augen besinnt man sich. Wohl dem, der den neuen Weg schon kennt, wenn der alte bricht!

Nehmen Sie sich die Freiheit, und gestatten Sie sich den Zugang zum notwendigen Wissen. Der Wissende, der Weise, beherrscht die Welt zum Wohle des Ganzen.

Wer sich heute noch einen zu engen Blickwinkel erlaubt und nur den *einzelnen* Menschen sieht, nur die *eine* Gruppe, nur den *einen* Staat, der geht am Wesentlichen vorbei. Er wird auf Dauer keinen Erfolg haben.

Das Wesentliche ist, daß es auf dieser Erde keine Trennung gibt. Die Erde ist eins. Beschenkt mit dieser Erkenntnis, kamen auch alle Astronauten verändert aus dem Weltall zurück. Sie sahen die Erde mit Abstand. Sie sahen und erlebten ihre Einheit. Der Gedanke an Trennung fiel als durchschaute Illusion von ihnen ab.

Die Einheit ist allumfassend. Sie bezieht das gesamte *Universum* mit ein. Schon der Name sagt es.

Dieses Buch will einen Beitrag leisten, den Gedanken der Einheit zu erfassen und für jedermann verständlich zu machen. Es ist Lehrbuch und Nachschlagewerk zugleich. Das Buch möchte Ihnen in Form eines Drei-Schritte-Programms helfen, Probleme in Ihrem Leben – z. B. im Hinblick auf Beruf, Partnerschaft, Kinder und Gesundheit – zu lösen. Fertige Lösungen werden Ihnen nicht vorgegeben. Vielmehr geben Ihnen die drei Schritte des Gralskönigs die Möglichkeit, die Lösung Ihrer Probleme in Ihrer eigenen inneren Erfahrung zu finden. Das Wissen, das Sie brauchen, um Ihre eigenen Weisheitserfahrungen machen zu können, möchte Ihnen dieses Buch vermitteln.

Die ersten drei Kapitel erläutern Ihnen die Grundlagen und den Aufbau des Drei-Schritte-Programms. Dabei geht es u.a. um den König in Ihnen selbst, um die Verbindung zu Gott, um die innere Stimme und die Deutung äußerer Zeichen.

Ab dem vierten Kapitel haben Sie Gelegenheit, das Drei-Schritte-Programm auf unterschiedliche Lebensbereiche anzuwenden. Die Wiederholungen und der gleichartige Aufbau der Kapitel sind beabsichtigt und dienen der Vertiefung. Lesen Sie auch die Wiederholungen mit Konzentration, selbst wenn Sie glauben, den Inhalt schon verstanden zu haben. Es gibt immer noch eine Verständnisebene, die tiefer liegt.

Doch lesen alleine genügt nicht. In der Anwendung zeigt sich die Wirksamkeit und der volle Wert des Drei-Schritte-Programms. Wenden Sie das Programm auf jedes Ihrer Probleme neu an. Das sichert Ihnen den Erfolg. Sie können das Buch daher wie ein Nachschlagewerk immer dann zu Rate ziehen, wenn Sie ein bestimmtes Problem lösen wollen.

Mit Hilfe des Drei-Schritte-Programms wird sich Ihre Welt verändern – hin zu Fülle und Lebendigkeit, hin zu Glück und Segen. Möge es Ihnen gelingen!

In diesem Buch ist oft vom »Gralskönig« die Rede. Aus Gründen des Textflusses habe ich nicht jedesmal die »Gralskönigin« danebengesetzt, obwohl ich mich stets auf den gesamten Menschen beziehe, sowohl in seiner männlichen, wie auch in seiner weiblichen Form. Am besten, Sie lesen als Frau stets »Königin« statt »König«. Ich hoffe, Sie verzeihen mir, daß ich Ihnen diese Mühe abverlange. König und Königin, das Männliche und das Weibliche, bilden erst *gemeinsam* das Reich, in dem Milch und Honig fließen.

1. Kapitel

Das Geheimnis des Lebens –
Grundlagen des Drei-Schritte-Programms

Lichtblick

Sie selbst sind der König

Es kommt auf den Menschen an. Es kommt auf Sie selbst an. Ihre Gedanken erschaffen die Welt, wie Sie sie wahrnehmen. Sie sind der Herr über Ihre Gedanken. Wenn Sie das nicht wissen, sind Sie wie der Königssohn, dem man seine Identität verschweigt. Er lebt als Bettler. Das Land regieren andere.

Sie sind der Bettler, das Land ist Ihr Leben. Wer Ihre Gedanken beherrscht, regiert Ihr Leben. Wenn Sie nicht Ihre wahre Identität als Herr Ihrer Gedanken annehmen, herrschen andere über Ihre Gedanken.

Wer beherrscht die Gedanken der heutigen Menschen? Wer be-

15

Ihre Gedanken? Es sind oft andere Menschen, die Ihre
…n für ihre selbstsüchtigen Ziele benutzen. Die Ziele, die
…zutage geheiligt werden, sind Macht und Geld, die Mittel sind
immer noch Zuckerbrot (Werbeversprechen) und Peitsche (Angst-
macherei).

Menschen läßt man vieles glauben. Zu den gängigen angstma-
chenden Glaubenssätzen gehören beispielsweise folgende: Der
Mensch ist sündig. Leid ist eine gerechte Strafe. Du brauchst ein
Auto, sonst verlierst du deinen Arbeitsplatz oder versauerst an dei-
nem Wohnort. Im Schweiße deines Angesichts sollst du dein Brot
verdienen usw.

Nichts von alledem ist wahr! Sie verleihen ihm Wahrheit nur,
indem Sie daran glauben. Wer sagt denn, daß es unglücklich macht,
zu Fuß zu gehen, mit dem Rad zu fahren oder mit öffentlichen
Verkehrsmitteln? Wer sagt denn, daß Sie unglücklich werden, wenn
Sie weniger Geld verdienen, dafür aber eine Arbeit haben, die Ihnen
am Herzen liegt?

Diejenigen, die Ihre Gedanken mißbrauchen, umwerben Sie, um
Ihre Gedanken zu formen, denn nur durch Sie und Ihre Arbeitskraft
können sie noch mehr Geld und Macht anhäufen. Glauben Sie ihnen
nicht mehr. Ja, hören Sie ihnen nicht einmal mehr zu! Am besten, Sie
schaffen den Fernseher ab und vergessen die Zeitungen. Wenn Sie
nach Monaten oder Jahren wieder hineinschauen, werden Sie fest-
stellen, daß Sie im Prinzip dasselbe hören oder lesen. Es sind vorge-
fertigte Meinungen, Ihnen zu Ohr und Gesicht gebracht, damit Sie
sie übernehmen. Machen Sie Schluß damit!

Setzen Sie sich selbst als den rechtmäßigen König Ihrer Gedanken
und Ihrer Welt ein, und hören Sie nicht mehr auf die unzähligen
Berater in Ihrem Umfeld, die ja nur in ihre eigene Tasche wirtschaf-
ten. Werfen Sie sie hinaus, weit hinaus – und genießen Sie die Stille.

Gehen Sie vollständig in das folgende Bild hinein: Sie sitzen auf
dem Königsthron, geschmückt wie es einem König gebührt. Vor
Ihnen liegt der Thronsaal, dahinter sehen Sie durch große, geöffnete
Fenster die weite, fruchtbare Landschaft Ihres Lebens.

Die Tore Ihrer prächtigen Königsburg stehen weit offen, werden aber von unbestechlichen Wächtern bewacht, die von Ihnen den Auftrag haben, nur Menschen einzulassen, die ohne Lug und Trug sind, die sich Ihnen in echter Freundschaft nähern und die nicht nur ihren Vorteil im Schilde führen. Werbespots, gekaufte Politiker, Meinungsmaschinisten oder Pfarrer, die Ihnen das Fegefeuer für Ihre Sünden voraussagen, haben keine Chance mehr, eingelassen zu werden.

Was ist das Wesen eines Königs? Ein echter König ist nur Gott verantwortlich. Er steht zwischen Gott und der Welt, ist die Verbindung zwischen beiden. Der König bekommt seine Eingebungen und Weisungen von Gott und regiert sein Land demgemäß – weise, gerecht und zum Wohle aller. Das Land blüht auf, die Gefängnisse leeren sich, Frieden breitet sich aus.

In des Königs Land wandeln die Menschen in Würde und Schönheit. Jeder hat die Arbeit, die seinen Fähigkeiten und Vorlieben entspricht. Gerne leistet jeder seinen Beitrag zum Ganzen. Alle haben genug. Keiner will mehr. – Streitigkeiten werden vom König durch weisen Ratschluß geschlichtet.

Dieses Bild des Königs wird Sie das ganze Buch hindurch begleiten. Sie werden es lieben lernen und immer wieder gerne in diese Vorstellung gehen, denn es ist keine pure Phantasie. Dieses Bild entspricht der Wahrheit Ihres inneren Wesens.

Es ist die Wahrheit: Sie sind das Zentrum Ihrer Welt, so oder so, auch wenn Sie es nicht wissen oder wahrhaben wollen. Sie sind zum König geboren, von Gott dazu erschaffen. Die Macht Ihrer Gedanken ist stark, ist von jeher ungebrochen. Auch wenn Sie es vorziehen, als Bettler leidend in einer Ecke Ihrer Königsburg zu liegen, Ihre Gedanken gehen, gekleidet wie königliche Gesandte und ausgestattet mit Ihrer Autorität, hinaus in Ihr Land und verlesen Befehle. Die falschen Berater, die Sie Ihre Gedanken formen lassen, lachen sich ins Fäustchen. Und – dessen können Sie sicher sein – die Befehle mit dem königlichen Siegel werden befolgt und flugs in die Tat umgesetzt.

Ein Gedanke hat Folgen, schon in dem Moment, in dem Sie ihn denken. Das, wovor Sie Angst haben, gewinnt durch den angstvollen

Gedanken an Kraft und wird sich schließlich bewahrheiten. Eine Brücke in des Königs Land stürzt ein, ein Wald brennt nieder. Der König selbst hat es befohlen.

Aber auch ein Gedanke an Freude, Schönheit und Erfolg hat unweigerlich Wirkung. Sie werden Freude, Schönheit und Erfolg erleben. Ein Wald in des Königs Land wird gepflanzt, eine Wiese blüht auf, ein wunderschöner Dom wird in Auftrag gegeben und vollendet. Der nächste Gedanke könnte einen Gesandten ins Land schicken, der ein Freudenfest ankündigt – eines, wie es die Welt, Ihre Welt, noch nicht gesehen hat.

Das Bild des Königs geht zurück auf den Gralsmythos. Dieser Mythos ist das archaische, innere Bild, das durch das Drei-Schritte-Programm führt. Soweit notwendig, wurde die Essenz der Gralslegende in dieses Buch aufgenommen. Der Gralsmythos hat seine Wurzeln in keltischen Legenden und in der kultischen Überlieferung des alten Ägypten. Bereits zu König Salomons Zeiten waren die Grundelemente des Mythos bekannt.

Im Mittelalter (12. bis 13. Jahrhundert) wurde der Gral in mehreren literarischen Werken mit christlichen Inhalten gefüllt. Der Gral, ehemals schalenförmiges Füllhorn, wurde zum Kelch des letzten Abendmahls, mit dem Joseph von Arimathia das Blut Jesu Christi bei der Kreuzigung auffing.

Ein wichtiges Element der Gralsdichtungen ist der verwundete König, der seine Kraft verlor. Sein blühendes Land verkam deshalb zur leblosen Wüstenei. Allein der Gral konnte den König heilen und das Land wieder aufblühen lassen. Nur der beherzte Held, der den Gral findet, kann das Paradies wiedererlangen.

Dem interessierten Leser empfehle ich folgende Bücher (vgl. Literaturverzeichnis), die den Gralsmythos in klarer, verständlicher Form darlegen:

1. *Der Gral* von John Matthews. Es handelt sich um eine sehr gute Einführung in das Thema. Durch einige Gralsmeditationen können erste eigene Erfahrungen gewonnen werden.

2. *Der Heilige Gral* von Malcolm Godwin. Dort finden Sie fundiertes Wissen über alle Wurzeln und kulturhistorischen Bezüge des Gralsmythos. Das Buch besticht auch durch viele reizvolle Abbildungen von Kunstwerken und historischen Stätten.

3. Als literarische Werke des Mittelalters sind vor allem *Perceval oder Die Geschichte vom Gral* von Chrétién de Troyes und *Parzival* von Wolfram von Eschenbach hervorzuheben.

Die Verbindung zu Gott

Die Verbindung zu Gott ist wichtig, gerade für einen König. Ein gottloser König ist furchtbar. Jeder fürchtet ihn, mit Recht. Er herrscht um der Herrschaft willen. Zerstörung überzieht das Land. Es wird ausgepreßt wie eine Zitrone, damit der Luxus des Königs anschwillt und sich seine Macht sichtbar aufbläht. Den Tieren, Bäumen und Pflanzen wird Gewalt angetan. Die Natur wird genetisch verändert, zugepflastert und zerstört. Die Luft wird verpestet, die Wasser stinken. Die Menschen werden benutzt, gehirngewaschen und versklavt. Das alles geschieht, wenn ein König seinen Gott verliert und sich selbst zu Gott machen will. Schauen Sie sich um.

Die Verbindung zu Gott ist wichtig. Auf die persönliche Beziehung kommt es an. Sie bildet die starke Basis.

Viele Menschen setzen sich dabei jedoch Schranken, die sie aus Gedanken und Vorstellungen aufbauen. Sie übernehmen auch hier Gedanken von anderen und machen sie zu ihren eigenen. Die Vorstellungen von Gott, die man in der Menschheit findet, sind weit gefächert, stets aber einschränkend, nicht wahr-nehmend, sondern begrenzend.

So macht sich jeder einen Gottesbegriff, auch der Atheist. Die Gottheit aber können wir nicht begreifen. Sie liegt jenseits aller Vorstellung. Wir können uns einen heiligen Gegenstand schaffen. Das Göttliche, das dahintersteht, in allem webt, bleibt jedoch unfaßlich.

Wir wissen nicht, wer Gott ist, wie Er aussieht. Der eine Mensch stellt sich Gott als Vater vor. Das ist aber menschlich gedacht, denn Gott ist sicher kein Mann. Er hätte nämlich dann keine Ahnung vom Weiblichen.

Manche stellen sich Gott als Mutter vor, als Göttin. Aber sie hätte dann keine Ahnung vom Männlichen. Das kann doch nicht sein, daß Gott nur ein Teil vom Ganzen ist! Er umfaßt alles und ist gleichzeitig in allem. Das ist unserem Verstand unfaßlich und wird es bleiben.

Ein anderer Mensch fügt der bildhaften Vorstellung von Gott menschliche Eigenschaften hinzu. In einer dieser Vorstellungen sucht die Gottheit z. B. nach Rache, wacht über jeden Sündenfall und straft mit unbarmherziger Hand. Aber das sind Vorstellungen, die den Einblick verbauen, Verlautbarungen, die in Verzweiflung stürzen und von Einheit nichts wissen. Mit Wahrheit hat das nichts zu tun.

Die Wahrheit gibt sich uns in der eigenen, tiefsten Erfahrung kund. Dort kann sie erahnt, dort kann sie in Demut geschaut werden. Hier ist Gott gegenwärtig, jenseits aller Vorstellung, jenseits aller Schranken des menschlichen Verstandes.

Obwohl wir also das Göttliche nicht begreifen können, brauchen wir dennoch Worte, um uns untereinander auch in diesen Bereichen verständlich zu machen. Dabei kommt es nicht in erster Linie auf die Wörter und Begriffe an, sondern darauf, was wir damit meinen, was wir damit verbinden.

Ich meine mit dem Wort Gott das Große, Allumfassende, das überall und auch in uns waltet und webt, das schöpft und unerschöpflich ist, das berührt und unbegreiflich ist, das Boden bereitet und selbst unermeßlich ist, das Wasser schenkt und ewig fließt, das Lüfte weht und alle Winde füllt, das Worte sendet und selbst der Inhalt ist, das Töne schwingt und selbst Musik ist, das Farben scheint und selbst das Licht ist, das große Ganze, das Leben ist und Lieb' und Güte.

Lassen Sie alle Vorstellungen fallen, die Sie begrenzen! Lassen Sie das Feld weit werden und frei. Dort können Sie Gott erahnen, so wie Er sich Ihnen zeigen will.

Gott gehört zu uns. Er ist uns näher als unser Atem. Wenn wir das für wahr nehmen, fällt es uns leicht, uns auf Gott zu beziehen, denn auf unsere Beziehung zu Ihm kommt es an.

Dabei liegt uns Menschen das Menschliche nahe. In der persönlichen Beziehung, im Gebet, bevorzugen deshalb viele die Ansprache »Vater«. Ich selbst gebrauche, auch in diesem Buch, oft die Ansprache »Vater-Mutter-Gott«, weil sie weniger begrenzt und mehr umfaßt. Ich weiß aber, daß das Eigentliche unnennbar ist.

Fühlen Sie sich frei, Ihre eigenen Worte und Begriffe für Gott zu verwenden. Achten Sie lediglich darauf, daß Sie damit ins Weite und Freie schauen und sich bewußt sind, daß es hier weder Anfang noch Ende gibt. Alles ist Einheit.

Lassen Sie auch Ihre persönliche Beziehung zu Gott wachsen. Es kann sein, daß sich auch Ihr Gottesbegriff im Laufe der Zeit wandelt, hin zu einer erfüllenden Beziehung, die Ihnen Sicherheit schenkt und Segen spendet.

Begriffe wie »Höhere Macht«, die »Gottheit«, selbst das »Göttliche« lassen Gott noch etwas in der Ferne stehen, sind aber nützliche Annäherungen. In dem Wort »Gott« ist in meinem Empfinden alles beinhaltet, auch wenn man in der deutschen Sprache damit ein männliches Wesen anzusprechen scheint.

Wählen Sie das Wort, das Ihnen in Ihrer jetzigen Lebensphase gemäß erscheint. Wie gesagt: Begriffe sind wie Schall und Rauch. Die Wahrheit bleibt.

Auf den umfassenden Gott beziehe ich mich in diesem Buch. Auf diesen weiten und stets herzensnahen Gott bezieht sich auch der König des Heiligen Grals. Dieser steht in Demut vor Gott und regiert sein Land zum Wohle aller. Er vergißt keinen. Er nimmt sein königliches Wesen an. Er weiß um die Kraft und die Autorität, die ihm Gott verliehen hat, und läßt sie in sich zur vollen Blüte kommen.

Dadurch blüht das Land auf. Die Erde kommt zur Ruhe. Nur das zu einem guten Leben Notwendige wird ihr in Achtung entnommen, ohne ihr Narben zuzufügen. Die Natur wird geachtet, die Menschen fühlen sich als Teil von ihr. Die Bäume erstarken. Die Vielfalt der Arten wird geschützt. Die Luft riecht frisch und sauber. Die Wasser fließen klar und schmecken wohl. Auch die Menschen blühen auf.

Die Würde steht ihnen ins Gesicht geschrieben. Liebe strahlt aus ihren Augen und auch aus den Gegenständen, die von Menschenhand erschaffen sind.

Stellen Sie sich das vor! Es ist kein Märchen. Der König sind Sie. Nehmen Sie die Verbindung zu Gott auf. Das ist die Voraussetzung für alles Weitere. Ziehen Sie sich in Ihre Gemächer zurück, oder finden Sie einen ruhigen Ort in der Natur, und hören Sie auf die Stimme Gottes. Sie tönt aus Ihrem Inneren. Das Gehör dafür ist in Ihnen angelegt. Sie können es entdecken und in der Übung reifen lassen.

Die innere Stimme

Haben Sie sich schon einmal gefragt, was Sie durchs Leben leitet, woher Ihre Ideen, Vorlieben, Unzufriedenheiten und Wünsche kommen? Von den paar Molekülen in den menschlichen Gehirnzellen kommt das alles sicher nicht. Materie kann weder denken noch fühlen. Was steckt dann dahinter?

Es ist der Geist, der Sie lenkt und leitet – derselbe Geist, der Sie auf diese Welt gebracht hat und auch von dieser Erde nehmen wird.

Aber während Ihrer Lebensspanne hat dieser Geist, es ist niemand anderes als Gott, nur indirekt Einfluß auf Sie. Der König kann fürchterlich sein oder weise. Der freie Wille des Menschen ist heilig. Auch Gott tastet ihn nicht an. Der Mensch kann frei wählen, wie er sein Land, sein Leben regiert. Gott hat ihm die Macht gegeben, seine Welt zu erschaffen, wie er will. Er hat ihn zum Herrn über seine Gedanken eingesetzt.

Der Mensch ist so zunächst alleine mit seinen Entscheidungen. Was ist richtig, und was ist falsch? Oft stehen wir vor dieser Frage. Machen Sie es wie ein guter König. Hören Sie auf die Eingebungen Gottes. Hören Sie auf Ihre innere Stimme.

Die innere Stimme können Sie nur in der Stille vernehmen. Später, meisterlich geübt, hören Sie sie auch im Trubel der Welt. Aber zunächst ist Stille der richtige Rahmen, um das Gehör für die innere Stimme zu schulen.

Suchen Sie sich einen stillen Ort, und meditieren Sie, beten Sie. Meditation und Gebet sind dasselbe. Es ist ein *In-die-Mitte-Gehen,* ein *Zu-Gott-Gehen.* In diesem Fall ist das Gebet oder die Meditation, je nachdem, wie Sie es nennen wollen, kein aktives Sprechgebet, sondern ein passives, stilles Zuhören.

Wichtig dabei ist, daß sich der Mensch dienend zur Verfügung stellt. Der Mensch ist die Schale, die empfängt, das Gefäß, das aufnimmt, der Kelch, der sich füllt. Was eingegossen wird, ist der Geist, die Idee, das Wunschbild, der Auftrag, die Berufung. Der, der eingießt, ist immer Gott. Er gießt seine Eingebungen immerzu über der Erde aus.

Jeder trägt den Gralskelch in sich. Der Mensch selbst entscheidet, kraft seines freien Willens, ob er den Gral aus der Mitte seines Herzens hervorhebt und ihn gesenkten Hauptes mit beiden Händen hoch über den Kopf hält, damit Gott ihn fülle. Erst dadurch wird der Ritter zum König, zum König des Heiligen Grals.

Glauben Sie nicht, daß das Bilder aus längst vergangenen Zeiten sind. Trauen Sie meiner Erfahrung. Es sind Bilder, die zum Ziel führen, wenn Sie Ihre innere Stimme hören und Ihre Visionen schauen wollen. Denn die innere Stimme und die inneren Bilder sind nichts anderes als der göttliche Geist, der sich Ihnen zeigt. Der Gral füllt sich, Sie empfangen die Botschaft.

Mit Demut und ohne Absicht

Bedingung für den Zufluß der göttlichen Weisheit ist, daß der Mensch sein kleines Ego zurücktreten läßt. Nur dann können sich die echten Botschaften zeigen. Es darf keine Absicht und kein egoistisches Vorteilsdenken dabei sein. Sonst übernimmt das eigennützige Ego die Führung und flüstert Ihnen Worte zu oder läßt Bilder vor Ihrem geistigen Auge entstehen, die Sie in die Irre führen, in die entgegengesetzte Richtung, in die gottlose Gegend, in der die Angst und der Kampf regieren. Das Schlimme daran ist, daß der Mensch dann mit voller Kraft in die Irre geht, weil er davon überzeugt ist, die Stimme des Göttlichen gehört zu haben – hat er sich doch, so glaubt er, aufrichtig darum bemüht. Nichts ist schlimmer als Menschen, die sich als Ermächtigte Gottes fühlen, aber ohne Demut hochnäsig der Stimme des Ego folgen. Mordend und sich bereichernd überziehen sie die Welt mit Schrecken. Die Geschichte ist voll davon.

Deshalb ist es so ungemein wichtig, daß Sie eine demutsvolle Haltung im Herzen tragen, wenn Sie Ihre innere Stimme hören wollen. Sie können nicht wissen, was Gott Ihnen sagen will, wozu Er Ihre Hilfe braucht.

Ein schöne und bedeutsame Geste für die Demut ist das Senken des Hauptes, denn das Ego sitzt mit dem Verstand im Kopf. Wenn es darum geht, Gottes Stimme zu hören, muß der Verstand schweigen, die menschliche Absicht beiseite treten und der egoistische Vorteil aufgegeben werden. Erst dann hören Sie das Neue, das Nie-Gehörte, das Unerhörte. Erst dann sehen Sie die Visionen der Zukunft, die Sie sich nie haben träumen lassen. Überlassen Sie es Gott, was es ist. Lassen Sie Ihn zuteilen. Sie werden dabei Ihren Teil finden. Geben Sie den Vorteil auf – das Denken, daß Sie sich durch Klugheit und Schläue im Leben einen Vorteil sichern könnten.

Nirgends wird dieser Zusammenhang besser geschildert als im griechischen Mythos des Prometheus, dem ersten Menschen in der griechischen Sage. Zeus, der Oberste der Götter, möchte mit ihm einen Stier, Sinnbild für die Erde, teilen.

Prometheus, typisch für den ersten, noch unwissenden Menschen – noch heute sagen wir »Du stellst dich an, wie der erste Mensch« –, Prometheus also will sich seinen Vorteil sichern, indem er Zeus zu täuschen sucht. Er verpackt nämlich das Gute vom Stier, das wohlschmeckende Muskelfleisch, in den unansehnlichen Magen, verkleidet die Knochen dann mit minderwertigem Fett und überzieht das Ganze wieder mit dem Fell. Dann sagt er scheinheilig zu Zeus: »Jetzt teile du auf, mein Gott!«

Zeus durchschaut die Sache, wählt aber trotzdem die mit Fett überzogenen Knochen. Er bestraft jedoch Prometheus für seine Täuschung schwer. Prometheus wird an einen Felsen gekettet. Der Adler des Zeus pickt ihm Tag für Tag die Leber heraus, die in der Nacht stets wieder nachwächst. Prometheus, der erste Mensch, ist an den Felsen der Materie gekettet und erleidet schreckliche Qualen. Die

Leber, das Leben, wird ihm bei wachem Bewußtsein Stück für Stück entrissen.

Erst nach langer, langer Zeit wird Prometheus gerettet, und zwar bezeichnenderweise von einem Gottmenschen, von Herakles, dem Sohn des göttlichen Vaters Zeus und der irdischen Mutter Alkmene. Herakles zeigt, daß er schon mehr weiß als der erste Mensch, indem er seinerseits seinen Vorteil aufgibt. Er verläßt nämlich seinen Weg, als er Prometheus unter Qualen schreien hört, vertreibt den Adler, kettet Prometheus los und pflegt ihn gesund. Er nimmt also einen großen Zeitverlust in Kauf, der ihm, wie die Geschichte des Herakles im weiteren erzählt, nicht zum Nachteil gereicht.

Der erste Mensch will Zeus überlisten, weil er glaubt, er sei schlauer als Gott. In diesem Sinne sind wir alle noch erste Menschen. Wir glauben, wenn wir es nur schlau genug einrichten, können wir unseren Vorteil sichern und uns vor Schaden bewahren.

Wer hat heutzutage keine Versicherung? Viele Menschen wählen einen Beruf, weil sie darin viel verdienen, des finanziellen Vorteils willen. Ihre Berufung finden sie nicht. In einem ungeliebten, langweiligen Job wird ihnen, wie Prometheus, täglich ein Stück Leben entrissen. In den menschlichen Beziehungen ist es genauso. Viele geben und schenken nur, weil sie sich einen Vorteil sichern wollen, damit sie selbst beschenkt und geliebt werden.

Denken Sie, das träfe bei Ihnen nicht zu? Gehen Sie in sich. Keiner ist frei vom Denken an den eigenen Vorteil. Geben Sie dieses Denken auf, wo immer Sie es bei sich aufspüren, und schauen Sie, was dann geschieht. Ich will Ihnen das an dieser Stelle nicht näher schildern, um Sie nicht mit einem weiteren Vorteil zu ködern, besser gesagt, Ihr Ego zu ködern.

Die Instanz in Ihnen, die ich mit diesem Buch erreichen möchte, ist Ihr Kern, Ihr inneres Wesen, der Gralskönig oder die Gralskönigin in Ihnen.

Wenn Sie sich also in die Stille begeben, um Ihre innere Stimme zu hören, nehmen Sie eine demutsvolle, innere Haltung an. Überlassen Sie es bewußt Gott, was Er Ihnen zu sagen hat. Der äußere Ausdruck Ihrer demutsvollen Haltung ist am besten eine im Gebet gesprochene

Bitte. Bitten Sie Gott, daß er Ihnen Seine Botschaften zukommen lassen möge. Nehmen Sie auch den Kopf aus dem Nacken, und neigen Sie ihn leicht.

Setzen Sie sich auf einen nicht zu weichen Stuhl, auf dem Sie ohne Lehne aufrecht sitzen können, und überkreuzen Sie weder Arme noch Beine. Es kommt sonst zu Kurzschlüssen und Blockierungen im Energiefluß. Nehmen Sie sich mindestens eine Viertelstunde, besser eine halbe Stunde dafür Zeit, am besten frühmorgens.

Noch ein wichtiger Tip: Gehen Sie jeden Tag in die Stille. Das Gespräch mit Gott will gelernt sein. Möglicherweise können Sie Ihre innere Stimme schon beim ersten Mal klar hören. Wahrscheinlicher jedoch ist, daß Sie anfangs noch mit Absichts- und Vorteilsdenken zu kämpfen haben, daß Ihnen das Ego dreinredet.

Deshalb ist es gut, täglich zu üben, am besten zur selben Tageszeit. Gehen Sie aber nicht mit dem Gedanken an die Sache, nur zu üben, sondern nehmen Sie sich jedesmal vor, es auch zu vollenden. Seien Sie bereit und wachsam. Jederzeit kann die Stimme Gottes ertönen.

Ich kann Ihnen nicht sagen, wie Ihr Erleben sein wird. Bei jedem ist es anders. Ich höre z. B. meine innere Stimme ganz tief. Daran erkenne ich sie. Manchmal bestärkt sie mich in Dingen, die ich eigentlich schon weiß. Viel öfter allerdings spricht sie genau das Gegenteil von dem, was ich mir mit meinem oberflächlichen Denken zurechtgelegt habe.

Nehmen Sie sich schon heute Zeit, um in die Stille zu gehen. Dieses Buch will nicht nur gelesen, sondern auch gelebt werden. Es ist in Ihrem Interesse. Ich wünsche Ihnen viel Freude bei der Meditation, bei Ihrem Gebet.

Äußere Zeichen

Impression

Es gibt noch eine andere Art, die Botschaften des Lebens zu erfassen: die äußeren Zeichen! Menschen haben zu allen Zeiten versucht, ihre Bestimmung und ihr Schicksal aus äußeren Anzeichen herauszulesen. Jeder Versuch, einem Gegenstand oder einem Geschehen eine Botschaft beizumessen, zählt dazu. Ob es die Kristallkugel ist, die Handlinien, Tarotkarten, Runentafeln, die Darmschau im alten Ägypten, die Sternbilder oder der Planetenstand, das gegossene Blei, ein Vulkanausbruch oder eine andere Naturkatastrophe – die Menschen haben zu allen Zeiten versucht, die Botschaften der äußeren Welt zu entschlüsseln.

Der weise König hat den Schlüssel in der Hand, denn er weiß um die Zusammenhänge der Welt. Er weiß, daß es keinen Zufall gibt und daß alles einen tieferen Sinn hat. Wer es richtig versteht, kann in natürlichen Gegenständen, die ihm ins Auge springen, und in Geschehnissen, die ihm widerfahren, lesen wie in einem Buch.

Dabei haben die Botschaften, die sich hier offenbaren, dieselbe göttliche Qualität wie in den Aussagen der inneren Stimme, denn die äußere Welt ist nichts anderes als der Spiegel des Inneren, der Spiegel der Seele.

So gehört im Grunde alles dazu, und nichts kann ausgenommen werden. Aber es wäre zuviel verlangt, wenn man die Bedeutung aller Vorgänge auf der Welt erfassen müßte. Es wäre dasselbe, als ob ein Erstkläßler das Staatsexamen ablegen sollte.

Doch das, was einen brennenden Konflikt löst oder die nächste Ihnen bestimmte Aufgabe zeigt, können Sie in einem äußeren Zeichen erschauen.

Niemand kann Ihnen sagen, welche Botschaft ein bestimmtes Geschehen für Sie birgt. Das können nur Sie selbst herausfinden, indem Sie Ihrem Gefühl, der Schwingung Ihrer Seele und Ihrer eigenen Erkenntniskraft vertrauen.

Auf die Suche nach einem äußeren Zeichen macht man sich ganz bewußt. In der indianischen Tradition nennt man das *Visionssuche*. Nach einer mehr oder weniger langen Einstimmung, die die Seele vorbereitet und die Aufmerksamkeit erhöht, gehen Sie für Stunden oder Tage in die Natur, die möglichst unberührt sein soll. Die Einstimmungsphase dauert in unseren Seminaren etwa drei Tage.

Die Visionssuche, die Suche nach dem äußeren Zeichen, das eine wichtige Botschaft für Sie bereithält, ist jedoch keine Suche im eigentlichen Sinne, denn im aktiv suchenden Vorwärtsstürmen würden Sie gerade das Wichtige übersehen, es gar nicht zur Kenntnis nehmen.

Nein, es ist kein Suchen, es ist ein Findenlassen. Sie gehen mit Muße durch die Natur, bleiben oft stehen, setzen sich vielleicht und betrachten in ruhigem Sinnen und offener Seele, bereit für die Erkenntnis, einen Stein oder ein Stück Baumrinde. Sie sind absichtslos.

Die einzige Absicht, die Sie in der Visionssuche haben, ist, offen zu sein für die Botschaft, die Ihnen Gott offenbaren will. Sie sehen vielleicht eine Wolke, und Ihre innere Stimme sagt Ihnen, daß diese Wolke eine ganz bestimmte Bedeutung für Sie hat. Wie gebannt blicken Sie hinauf. Sie erkennen die Form, und eine Erkenntnis bricht sich Bahn, ganz von selbst, ohne Ihr Zutun. Sie sind das Gefäß, das der Geist erfüllt.

Die demutsvolle Haltung ist auch hier wichtig. Wer fordert, bekommt keine Antwort auf dieser Ebene. Wenn sich kein äußeres Zeichen zeigt, ist das auch in Ordnung. Vielleicht ist die Zeit nicht reif für eine Antwort. Oder aber Sie haben die Antwort schon und wollen Sie nur nicht annehmen.

Der Ungeübte braucht anfangs etwas Hilfe bei der Interpretation äußerer Zeichen. Bei den Indianern war es der Ältestenrat, der den jungen Krieger nach seiner Visionssuche anhörte und ihm Rat gab, auch wenn es manchmal nur der Rat war: »Vertraue deiner Seele.«

Im Seminar ist es der erfahrene Leiter in der Feuerrunde. Rund ums Feuer sitzend ergreift jeder den Redestab und erzählt so lange und so ausführlich, wie er möchte, über seine Erlebnisse in der Natur.

Manchmal kommt die Erkenntnis schlagartig, ein anderes Mal muß man erst den Symbolgehalt einer Erscheinung verstehen und mit nach Hause nehmen, bevor nach Tagen oder Wochen das Bild sich durch andere Erlebnisse vervollständigt und sichtbar wird wie ein Puzzle.

Nicht immer zeigt sich die große Vision, oft wird nur das Terrain für den nächsten fälligen Schritt beleuchtet. Doch der nächste Schritt ist der wichtigste. Ohne ihn geht nichts. Wohin Sie auch immer kommen wollen, um was es auch immer geht, der nächste Schritt muß überlegt und in die richtige Richtung gesetzt werden. Das Leben verlangt uns manchmal ab, den nächsten Schritt zu gehen, ohne daß wir den übernächsten kennen. Das Vertrauen auf die richtige Richtung muß oft reichen.

Das geschulte Gehör für die innere Stimme und der sichere, selbstverständliche Umgang mit äußeren Zeichen kann Ihnen dieses Vertrauen erleichtern. Im Grunde aber geht es um das Urvertrauen, das tief in Ihrer Seele gründet.

Manchmal haben wir Menschen das Glück, daß uns in einem Erlebnis das Höchste, der Gipfel, im klaren Licht gezeigt wird. Das ist die große Vision, die den gesamten Lebensweg beleuchtet. Durch sie wird uns gleichzeitig die Gewißheit und das Vertrauen in die Welt und zu Gott hinzugeschenkt. Aber das darf nicht zu früh geschehen. Wenn der Gipfel noch zu weit weg ist, würde manchen der Mut verlassen, und er würde umkehren. Zu weit und zu schwierig erschiene ihm der Weg.

Aber ich möchte Sie beruhigen. Der Weg ist bereits das Ziel. Glück und Zufriedenheit finden Sie bereits auf dem Weg, nicht erst bei der Lebensvollendung. Probleme gibt es jedoch immer wieder zu lösen. Die äußeren Zeichen können uns dabei eine wertvolle Hilfe sein.

Die große Aufgabe dabei ist es, wie schon beim Hören der inneren Stimme und beim Schauen innerer Bilder, die Störversuche des kleinen, menschlichen Ichs, des Ego, zu erkennen und auszuschalten, denn das Ego möchte auch die äußeren Zeichen als Legitimation für egoistische Ziele mißbrauchen. Um dem zu entgehen, gilt es, das Ego zu durchschauen.

Lesen Sie das folgende Kapitel aufmerksam. Es handelt vom Ego, der Instanz, die alle Probleme dieser Welt verursacht und den Menschen am Felsen der Materie gefangenhält. Das Ego macht den König zum furchtbaren Herrscher, der sein Land mit Angst und Schrecken überzieht und untätig zusieht, wenn Seuchen und Krankheiten sich ungehindert ausbreiten.

Das nächste Kapitel kann Ihr Leben verändern. Nachher können Sie nicht mehr sagen, Sie wüßten von nichts.

2. Kapitel

Das Ego

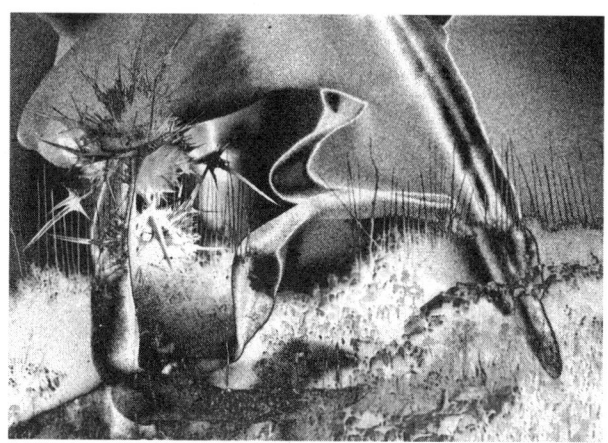

Das Ego

Der Mensch ist göttlichen Ursprungs. Gott erschuf ihn nach seinem Ebenbild. Warum Gott den Menschen als gottähnliches Wesen erschaffen hat, weiß keiner. Ich habe noch niemanden gefunden, der diese Frage beantworten konnte. Auch habe ich nichts Endgültiges darüber gelesen.

Göttliche Wesen herrschen über die Materie, leben ewig und können frei wählen. An der freien Wahl kann sie nichts hindern. Der paradiesische Mensch hatte freien Zugang zum Baum des Lebens, dessen Früchte ihm das ewige Leben schenken. Aber er wählte kraft seines freien Willens die Frucht des Baumes der Erkenntnis von Gut und Böse. Diese Frucht, und das weiß er vorher, bringt ihm den Tod.

Was kann denn die ersten Menschen dazu bewegt haben, solch eine Wahl zu treffen? Was ist denn so verführerisch, Gut und Böse zu erkennen, wenn man es mit dem Leben bezahlen muß? Nicht das Erkennen von Gut und Böse gab den Ausschlag, sondern das Versprechen der Schlange, der Mensch werde dadurch wie Gott.

Hier war schon das Ego am Werk, zeugte von seiner Existenz, schon vor dem Biß in den paradiesischen Apfel – das kleine Ego, dem das Erreichte nie reicht und das keinen Größeren neben sich dulden kann.

Der Mensch wählte, den Einflüsterungen des Ego folgend, den Tod, um eines vermeintlichen Vorteils willen, denn nicht gottähnlich wurde der Mensch durch die eingebildete Erkenntnis von Gut und Böse, sondern erdmenschenähnlich. Durch sie stürzte er aus der bestehenden Gottähnlichkeit und Gottesnähe in die Verzweiflung der Welt von Gut und Böse und in die Gottferne. Durch diese Wahl, die den ersten Menschen freistand und die dem heutigen Menschen immer noch freisteht, übernahm das Ego das Zepter. Die Angst war geboren. Der Mensch vergaß sein göttliches Wesen; er identifiziert und verwechselt sich seither mit dem Ego. Die Trennung vom göttlichen Wesen des Menschen, von Gott selbst, war im Bewußtsein des Menschen vollzogen, das Ur-teil, das erste Teilen des Ganzen, gefällt.

Zur Verdeutlichung noch einmal: Es ist eine Illusion, daß der Mensch Gut und Böse erkennen kann. Es ist die größte Illusion, die sich denken läßt. Kein Mensch kennt, auch wenn er sich das noch so sehr einbildet, die Folgen eines Geschehens. Manches erscheint uns als böse. Erst später erkennen wir, daß daraus etwas Gutes entstanden ist. Und etwas, das wir als gut begrüßen, kann später zu etwas Schlechtem führen.

Wir erkennen Gut und Böse nicht. Wir glauben das nur. Zu kompliziert sind die Zusammenhänge der Welt, um vom menschlichen Verstand vollständig erfaßt werden zu können. Nur Gott hat von allem Kenntnis. Aber Gott ist das Licht. Licht weiß von Dunkelheit nichts. Es kann sein, daß Gott nie etwas Böses sieht, daß ihm nichts Böses unterkommt, daß er die Sünde gar nicht kennt.

Aber der Mensch bildet sich ein, der Schlange vertrauend, er sei gottähnlich, wenn er, den beschränkten Verstand benutzend, ein Urteil nach dem anderen fällt, erhöht oder verdammt. Das Urteil ist das Instrument, das das Ego geboren hat und es bei Kräften hält. Wir urteilen ohne Unterlaß. Dabei wissen wir in Wahrheit nicht, was gut oder schlecht für uns ist.

Das Ego bestimmt das Leben der Menschen. Es bestimmt auch Ihr Leben. Jeder trägt es in sich.

Aber was ist das Ego? Es ist die Instanz in uns, die sich getrennt empfindet und sich getrennt denkt, getrennt von den anderen Menschen, getrennt von der Natur, getrennt von der Gottheit. Für diese Trennung von Gott erwartet das Ego insgeheim Strafe.

Vom All-Einen, von Vertrauen und Glück, weiß das Ego nichts. Allein auf sich gestellt, hat es Angst vor dem Rest, vor allem anderen. So schickt uns das Ego Gedanken wie: »Ich muß mich absichern«, »Die Welt steht mir feindlich gegenüber«, »Das Leben ist ein Kampf«, »Paß auf. Sei auf der Hut!«, »Wer weiß, ob du morgen genug hast«, »Setz dich durch, bevor du unterliegst«, »Geld bringt Sicherheit. Geld macht glücklich. Beherrsche die anderen« usw.

Schauen Sie sich an, wohin das egozentrische Denken in unseren Tagen schon geführt hat: Die Gier nach immer mehr zerstört die Umwelt. Über das Ausmaß der Umweltzerstörungen und deren rapide Zunahme sind Sie über die Medien bestens informiert. Aber es bringt nichts, die anderen, die Atomkraftverantwortlichen, die Chemieindustrie usw. zu beschimpfen. Fangen Sie bei sich selber an! Wo denken Sie: »Mehr, schneller, größer. Ich brauche mehr. Ich muß schneller und öfter irgendwohin«?

Was Sie auch immer an Einstellungen dieser Art bei sich finden, seien Sie gewiß, daß diese Gedanken dem Ego entspringen. Die Jagd nach Geld im Kleinen führt zur Lohnabhängigkeit. Der Mensch wird käuflich, er verkauft seine Seele. Die Jagd nach Geld im Großen führt zu monströsen Zerstörungen und bestialischen Kriegen. Jugoslawien war das letzte Beispiel in Europa. Sie können jeden Krieg nehmen. Ohne das Ego und den Gedanken an das ewige Mehr sind Kriege nicht möglich. Ohne Geldgier keine Waffengeschäfte. Aber es hilft nicht weiter zu verteufeln, weder die anderen noch sich selber.

Der Weg des Menschen ist ein Weg der Bewußtseinserweiterung, ein Weg der Erkenntnis. Die Welt will verstanden werden. Wer verteufelt, versteht nicht! Wer urteilt und verurteilt, liegt schief, und zwar gewaltig.

Es geht um Anschauen, Erkennen und Bewußtwerdung. Wer glaubt, er braucht sein Auto für was auch immer, der wird das Auto auch noch fahren, wenn der letzte Baum stürzt. Wer aber weiß, daß die Gedanken seine Welt erschaffen und daß das Ego einen angstvollen Gedanken nach dem anderen in die Schaltzentrale schickt, der mag sich befreien können. Er läßt die Egogedanken einfach fallen. Viele von den sogenannten Notwendigkeiten unserer modernen, technisierten Welt lösen sich dann auf.

Es ist nicht nur die Umwelt, die Schaden leidet. Geschädigt sind auch schon die Beziehungen zwischen uns Menschen, in der Partnerschaft, in der Familie, in der Gemeinde. Das Ego trennt, Gott aber vereint.

Wir leben in einer Zeit, in der das Egodenken zum Normdenken, zum normalen Denken geworden ist. Einer, der das Egodenken ablegt, gilt als unnormal und absonderlich bis gefährlich.

Die Menschen erleben sich als Einzelwesen: »Hauptsache, *ich* schaffe es!« Auf diese Weise geht der Zusammenhalt unter den Menschen verloren. Alles zerfällt. Die Großfamilie gibt es nicht mehr. Auch viele Kleinfamilien lösen sich auf. Was bleibt, ist der Single. Ein Single ist ein Mensch, der auf Dauer alleine lebt, weil er zur Gemeinsamkeit unfähig geworden ist. Sogar der Single löst sich nach einiger Zeit auf, nämlich in Verzweiflung, denn nichts als Ver-zwei-flung bleibt, wenn man am Ende der Sackgasse steht, der Konsum schal, die Sehnsucht unerfüllbar und das Dasein sinnlos geworden ist.

Das Ego, durch das Ur-teilen an die Macht gekommen, hat sein Ziel erreicht. Entzweiung bringt Verzweiflung. Im Anfang liegt schon das Ende.

Der König, der dem Ego traut, vergißt, daß er seine Macht, die ihm von Gott verliehen wurde, niemals verlieren kann. Er vergißt es, glaubt dem Ego und bekommt unweigerlich Angst, alles zu verlieren. Er weiß nicht, daß der König und sein Land eine Einheit bilden, daß sie eins sind.

Deshalb nutzt der König sein Land aus, im Bestreben, Reichtum anzuhäufen und ein Heer zur Verteidigung gegen Feinde aufzustellen. Der König stürzt seine Leute in Kriege, um seine Macht auszubauen. Denn, so glaubt er, nur der Stärkste kann sicher sein. Nur der Stärkste überlebt.

Andere Königreiche werden entweder bekriegt und unterjocht oder mit diplomatischen Bemühungen zu Verbündeten gemacht. Diplomatie in diesem Bereich bedeutet, daß man nach außen freundlich ist, im Grunde aber nur seinen eigenen Vorteil verfolgt. Ein Ziel der Diplomatie ist z. B., Bundesgenossen gegen andere Königreiche zu gewinnen.

Sie können das Bild des Königs und seines Reiches sowohl auf die Beziehungen zwischen Staaten wie auch auf Ihre persönlichen Beziehungen anwenden. Wie oft werden andere Menschen als Feinde gesehen, als Eindringlinge, die man bekämpfen und die man von sich fernhalten muß! Wie oft steht das Trachten nach dem eigenen Vorteil am Anfang einer menschlichen Beziehung! Was bringt mir der andere? Mehr Einfluß? Bestätigung meiner (Vor-)Urteile anderen gegenüber? In welches Lager stelle ich ihn? In meines oder in das Lager der anderen?

Beziehungen werden zum Handel zwischen egoistischen Menschen, die nur den eigenen Vorteil im Schilde führen. Schauen Sie auf das Schild der anderen. Nach einiger Übung können Sie dort alles ablesen. Schauen Sie auch auf Ihr eigenes Schild, in Ihr eigenes Gesicht.

Die Gedanken machen die Gesinnung. Der Ego-König wird unnahbar, despotisch und gewissenlos. Er schließt sich in seiner Burg ein, glaubt sich sicher und allmächtig. Aber es ist die Angst, die ihn regiert. Die Freude hat ihn verlassen. Die Fenster läßt er schließen, um die Verwüstungen im Land nicht sehen zu müssen. Er hat sich dem Ego verschrieben. Gott kennt er nicht.

Vielleicht hilft es Ihnen, das Ende anzuschauen, um die falsche Richtung zu erkennen: Wie wird es auf der Erde zugehen, wenn die Macht des Ego ungebrochen bleibt? Die Familien zerfallen dann vollständig. Vereinsamte Menschen, wahrlich computergesteuert, konsumieren auf der Suche nach immer mehr die gesamten Rohstoffe der Erde. Unberührte Natur gehört der Geschichte an. Die reichen Länder sind zugepflastert, die armen Länder ausgesaugte Provinzen. Keiner traut dem anderen. Das schlimmste aber ist die Sinnlosigkeit; sie vergiftet das Leben.

Die neue Wahl

Der Zenit ist überschritten. *Die neue Zeit hat begonnen.* Der Wassermann gießt bereits Weisheit über die Welt, und es ist Zeit, das Ego abzulegen. Um das Ego zu überwinden, muß man wissen, daß es nur Macht hat, wenn wir ihm Macht geben, wenn wir das Ego wählen, denn wie Adam und Eva können wir auch heute noch zwischen zwei Möglichkeiten wählen: zwischen dem Baum der Erkenntnis von Gut und Böse und dem Baum des Lebens.

Der Apfel vom Baum der Erkenntnis bringt uns, so erfahren wir von Gott, den Tod. Die Schlange hingegen verheißt uns, daß wir durch den Biß in den Apfel Gottähnlichkeit erlangen. Sie lügt! Sie nützt die Unwissenheit der ersten Menschen, der paradiesischen Menschen, aus. Gottähnlichkeit nämlich besitzt der Mensch von Anfang an, denn wie Gott ist er erschaffen. Nur scheint er davon nichts zu wissen. Seine Gottähnlichkeit ist ihm nicht bewußt, sonst könnte ihn das Versprechen der Schlange, durch den Biß in den Apfel gottähnlich zu werden, nie und nimmer reizen. Wieso sollte ich das Leben opfern für etwas, das ich bereits habe? Aus Unwissenheit wählte Eva den Apfel, und aus Unwissenheit folgte ihr Adam. So mußte es geschehen. Der Unwissende hat der Versuchung gegenüber keine Chance.

Hier klärt sich auch der Sinn der Versuchung. Zwar hätte Adam schon gleich vom Baum des Lebens essen und dadurch ewiges Leben erreichen können. Aber was nützt ewiges Leben in Unwissenheit, ohne Bewußtsein? Ich lebe ewig, aber ich weiß nichts davon!

Das Bestreben, Gut und Böse erkennen zu wollen, ist ein notwendiger Weg, denn er führt zu dem Bewußtsein, daß es dem Menschen unmöglich ist, Gut und Böse zu erkennen. Es ist das Bewußtsein, daß der Mensch, der sich von Gott trennt, es nicht schafft, sein Leben in die Hand zu nehmen.

Die Erkenntnis offenbart sich, daß der gottlose Mensch, der urteilend sein Leben plant, nur Zerstörung, Sinnlosigkeit und Verzweiflung um sich verbreitet. Diese Wahrheit kann uns durch das Erdenleben aufgehen.

Wir können, am Ende des Irrwegs stehend, erkennen, daß die Trennung von Gott in den Tod führt, daß das Leben nur in Verbindung mit Gott gedeiht. Das Bewußtsein wächst uns zu, daß uns Gott als Seine Söhne und Töchter geschaffen hat, daß wir schon immer Gott ähnlich waren. Wir brauchen dazu nicht weiter über das Gute und Böse der Welt zu urteilen.

Das ist der Sinn der Schlange. Obwohl sie den Menschen belogen hat und noch heute belügt, führt sie ihn zum Bewußtsein seiner selbst. Der Mensch erkennt seine Identität. Er weiß, wer er ist. Das aber ändert alles! Damit erkennt der Mensch den Gottesfunken in sich, der sich zu einem lodernden Feuer auswachsen kann, das die Welt erleuchtet und sie in Glück und Freude zeigt.

Wer glaubt, daß der egoistische, raubende und mordende Mensch schon das höchste Entwicklungsstadium des Menschen darstellt, irrt sich gewaltig, auch wenn die Geschichte der letzten 4.000 Jahre von Krieg zu Krieg eilt. Kaum mehr als diesen Zeitraum überblicken wir. Aber was sind schon 4.000, was sind 10.000 Jahre im Weltengeschehen? Ein Bekannter von mir hat im Allgäu Nashornzähne gefunden, die 500 Millionen Jahre alt sind. Welchen Zeitraum überblickt der heutige Mensch schon? Nicht mehr als eine Sekunde in der Ewigkeit!

Die Menschheit ist in ihrer Entwicklung noch nicht am Ziel. Aber sie macht gerade eine riesige geistige Entwicklung durch. Sie leben in einer hochinteressanten Zeit. »Inter-esse« heißt »dazwischen sein«. Unsere Zeit ist eine Zeit dazwischen, zwischen den Zeiten, eine Umbruchzeit. Das neue Zeitalter beginnt. Seien auch Sie dabei, seien Sie interessiert, seien auch Sie dazwischen, verlassen Sie das alte Egodenken, und kommen Sie zum neuen Denken, zum Denken der Einheit.

Wenn Sie wissen, wer Sie in Wirklichkeit sind, ändert das alles! Wenn Sie wissen, daß Sie ein Sohn oder eine Tochter Gottes sind, daß Er über Ihnen steht, Ihnen mit all der Liebe Seines göttlichen Herzens beisteht, und daß Sie durch Ihre Gedanken Ihre Welt erschaffen, dann hat die Versuchung der Schlange ihren Zweck erfüllt. Nun verliert sie ihre Anziehungskraft.

Der Mensch hat mit Adam und Eva das Mühsal, das Leid, die Schmerzen und den Tod gewählt. Jetzt, im Erkennen der Einheit mit Gott, ist das alles unnötig geworden. Der Mensch kann nun das Leben wählen. Er kehrt nach Umrundung des Erdballs – jeder Berg ist erklommen, jedes Tal durchstiegen – von Osten her zum Garten Eden zurück, der nun im Westen liegt. Dort, so sagt die Bibel, hat Gott die Cherubim mit dem Schwert aufgestellt, um das Paradies und damit den Baum des Lebens zu bewachen. Menschen, die sich noch dem Ego verschrieben haben und sich weiterhin anmaßen, Gut und Böse unterscheiden zu können, also immer noch die Äpfel vom Baum der Erkenntnis verspeisen, werden zurückgewiesen. Das Paradies bleibt ihnen versperrt.

Diejenigen Menschen aber, die eine neue Wahl treffen, das trennende, urteilende Denken des Ego aufgeben, die Entscheidung über Gut oder Böse von nun an Gott überlassen und Ihn als ihren Vater in Demut anerkennen, werden eingelassen. Sie sind sich ihrer göttlichen Natur bewußt und leben zufrieden im Glück und im Segen Gottes. Ein wahrhaft paradiesischer Zustand! Das Paradies tut sich ihnen hier auf Erden schon auf. Sie dürfen vom Baum des Lebens essen. Sogleich wird ihnen das Bewußtsein geschenkt, daß sie ewig leben.

3. Kapitel

Das Drei-Schritte-Programm
des Gralskönigs

Der mystische Kelch

Wenn eine geistige Erkenntnis für Sie Früchte bringen soll, müssen Sie wissen, wie diese Erkenntnis Einfluß auf Ihr Leben nehmen kann und was Sie dazu beitragen können. Das Drei-Schritte-Programm, das Sie ab dem vierten Kapitel auf verschiedene Lebensbereiche anwenden können, ist folgendermaßen aufgebaut:

1. Schritt: Der König bin ich

Meine Gedanken formen meine Welt. Ich nehme das als Wahrheit an. Ich spüre lebensstörende Gedanken bei mir auf und lasse sie fallen.

2. Schritt: Aufgabe des Urteils. Vergebung.

Ich gebe das Ur-teil über Gott und die Welt auf und mache dadurch die gedankliche Trennung zwischen mir und Gott rückgängig.

In dem Wissen, daß es Schuld und Sünde nicht gibt, vergebe ich allen anderen und mir selbst.

3. Schritt: Rat und Tat Gottes

Ich lasse mich von Gott führen, höre Seine Stimme (meine innere Stimme) und sehe Seine äußeren Zeichen.

Ich lasse Ihn entscheiden, durch welche Gedanken und Taten ich mein Leben lenken soll.

Demütig verneige ich mich vor Gott, bitte im Gebet um Seine Hilfe und nehme sie dankend an.

1. Schritt: Der König bin ich

In jeder Situation, die Ihnen Schwierigkeiten bereitet, rufen Sie sich ins Bewußtsein, daß Sie diese Situation durch Ihre Gedanken geschaffen haben. Unabhängig davon, ob Sie es wissen oder nicht, sind Sie der König. Ihr Wort, Ihr Gedanke gilt und wird in Ihrem Land, in der Welt, die Sie um sich herum wahrnehmen, in die Tat umgesetzt.

Die Welt ist ein Spiegel Ihrer Gedanken. Hier gibt es keine Trennung von innen und außen. Ihre Innenwelt und Ihre Außenwelt entsprechen sich genauso wie ein Bild dem Spiegelbild. Es ist alles eine Einheit.

Rufen Sie sich das in einer konkreten Problemsituation ins Gedächtnis. Das ist der erste Schritt: Klarheit darüber gewinnen, daß Sie Ihre Welt selbst erschaffen, daß Sie der König sind. Ergreifen Sie das Zepter!

Lassen Sie keinen Zweifel zu. Nehmen Sie es als wahr an. Sodann finden Sie heraus, welche Gedanken zu Ihrem Problem geführt haben. Diese Gedanken lassen Sie fallen.

Eines ist dabei sehr wichtig: Achten Sie auch alle anderen Menschen als Könige und Königinnen. Sie beugen damit der Überheblichkeit des Ego vor und gewinnen Wesentliches.

2. Schritt: Urteil aufgeben. Vergebung.

Der König des Grals ist nicht allein gelassen. Er steht in inniger Verbindung mit Gott, den er als seinen Herrn anerkennt. Darin besteht Ihre ganze Verantwortung als König: die Führung in Ihrem Leben aufzugeben und sie Gott zu überantworten, Ihm Antwort zu geben auf Seinen Ruf. Sie werden dadurch selbst zur Antwort Gottes, die Ihn wiedergibt wie ein Spiegel. Sie werden zum Spiegel des Göttlichen, Ihre Umgebung zum Spiegel des Himmels. Sie erleben den Himmel auf Erden.

Gott steht Ihnen mit Rat und Tat zur Seite. Richten Sie sich nach Ihm. Der Gralskönig ist von Gottes Gnaden. Ohne Gott wäre er nur leere Schale, sinnloser Kelch.

Bevor Sie aber Gottes Rat und Tat sehen und annehmen können, müssen Sie erst Ihre Trennung von Gott rückgängig machen. Die Trennung besteht rein gedanklich. In Wirklichkeit sind Sie niemals von Gott getrennt worden. So gilt es, die gedankliche Trennung vom Göttlichen rückgängig zu machen. Diese Abtrennung ist das Ur-teil, das erste Teilen des Ganzheitlichen. Genau dieses Urteil, das Urteilen überhaupt, müssen Sie aufgeben.

Legen Sie mit dem Wissen um Gottes Beistand den Apfel der Erkenntnis von Gut und Böse weg. Geben Sie die Anmaßung auf, entscheiden zu können, was für Sie gut oder schlecht ist. Geben Sie das Urteil über die Erscheinungen und Fügungen der Welt auf. Hören Sie auf, die Gottheit zu beurteilen und die Art und Weise, wie sie diese Welt eingerichtet hat.

Stimmen Sie vielmehr zu! Stimmen Sie Gott und der Welt zu. Sie stimmen dadurch auch Ihrer Herkunft zu, die göttlich ist. Sie sind ein Sohn oder eine Tochter Gottes. Stimmen Sie allem, was gewesen ist, zu, egal ob es vor vielen Jahren oder vor wenigen Minuten geschehen ist. Vergeben Sie sich selbst. Vergeben Sie sich alle bisherigen Gedanken, vergeben Sie sich alles, was passiert ist.

41

Vergeben Sie der gesamten Welt. Vergeben Sie jedem Menschen. Die anderen Menschen sind Ihnen geschickt. Sie brauchen Sie gerade so, wie sie ehedem waren oder im Moment sind. Vergeben Sie ihnen! Wenn Sie das große Ganze anschauen, ist keiner schuld. Lernen Sie die Lektion, die Ihnen das Leben gerade in Ihrem derzeitigen Problem aufgibt.

Tun Sie nicht mehr so, als könnten Sie den Weltenlauf durchblikken. Schon Ihr nächstes Problem durchschauen Sie nicht, sonst hätten Sie es nicht.

Das Urteilen aufzugeben, allen zu vergeben und sich in den schützenden Händen Gottes zu wissen, erfüllt den zweiten Punkt.

Die Vergebung ist der zentrale Vollzug. Sie ist die große Leistung, die vom Menschen gefordert wird, wenn er Erlösung, Glück und Frieden finden will. Die von Herzen vollzogene Vergebung ist unabdingbare Voraussetzung für alles Weitere.

Sie erscheint dem unwissenden, egodominierten Menschen so schwierig, ja unmöglich und ist doch so leicht, wenn das Ego als zerstörende Macht erkannt ist.

Die heilsame Kraft der gelungenen Vergebung zeigt sich in einer sofort einsetzenden, durchgreifenden Wirkung: Die Welt hellt sich auf. Das Gemüt wird leicht, der Atem frei. Ein Lächeln zeigt sich auf dem Gesicht.

Diese Wirkung tritt bei jedem Menschen auf, der anderen oder sich selbst aus vollem Herzen vergeben kann. Dabei ist eines wichtig: Echte Vergebung kommt nicht aus Güte oder moralischer Überlegenheit, denn damit stellt man sich ja wieder als den Besseren hin und den anderen als den Schlechteren. Man fällt wiederum ein Urteil.

Echte Vergebung kommt vielmehr aus der Einsicht, daß es Schuld und Sünde nicht gibt. Keiner ist zu verurteilen. Es geht nicht darum, einen Menschen oder ein Ereignis zu begutachten und dann ein Urteil über Schuld und Unschuld, über Gut und Böse zu fällen.

Es geht vielmehr darum zu erkennen, daß Sie der herrschende König sind und daß sich in Ihrem Land, in Ihrem Leben nur Ihre Gedanken spiegeln. Keiner tut Ihnen etwas an, außer Sie bitten darum durch einen Gedanken der Angst, des Hasses oder der Verurteilung.

Die Erkenntnis, daß Sie selbst der Rädelsführer Ihres Lebens sind, darf jedoch nicht zum Urteil über Sie selbst führen. Auch Sie selbst sind ohne Schuld. Sie haben nicht gesündigt, denn Sie dachten oder handelten aus Unwissenheit. Diese schützt zwar vor Schaden nicht, aber sie kann leicht vergeben werden. Schuld verlangt nach Strafe. Die Folgen der Unwissenheit werden durch Einsicht und Weisheit überwunden. Vergeben Sie sich Ihre Unwissenheit aus vergangenen Zeiten. Sie vergeben sich dadurch alle Fehltritte und der Welt alle Widerwärtigkeiten.

Das Ur-teil ist aufgegeben. Sie sehen wieder das Ungeteilte, das Ganze. Alles ist verwoben. Das Gewebe, das entsteht, ist Ihr Leben. Treten Sie aus der Unwissenheit heraus in das Wissen des größeren Abstands. Sie gewinnen dabei die Übersicht und erkennen das bisher entstandene Muster. Sie erkennen, daß Gott hinter Ihnen steht und alles lenkt.

3. Schritt: Rat und Tat Gottes

Nehmen Sie es als wahr an, daß Gott es besser weiß. Nehmen Sie den Rat und die tatkräftige Hilfe Gottes an. Damit geben Sie Antwort auf Seinen Ruf und sagen: »Hier bin ich, mein Gott.« Der Gral füllt sich.

Der Rat Gottes

Den Rat Gottes erfahren Sie durch die innere Stimme und die äußeren Zeichen. Deshalb ist es so wichtig, sich im Hören der inneren Stimme und im Sehen der äußeren Zeichen zu üben (siehe 1. Kapitel).

Der König wird zum Kelch, zum Gral. Er bittet um die göttliche Eingebung, erhält sie, nimmt sie an und handelt danach.

Die Tat Gottes

Wenn der göttliche Rat ausbleibt oder Sie ihn nicht hören können, steht Ihnen noch ein weiteres, sehr machtvolles Mittel zur Verfügung. Sie geben zu, daß Sie selbst machtlos sind, legen alles in Gottes Hände und bitten Ihn im Gebet um Seine tatkräftige Hilfe.

Beten Sie etwa so: »Vater-Mutter-Gott, ich weiß nicht mehr weiter. Ich vermag es nicht. Bitte übernimm Du diese Sache und löse sie. Ich danke Dir und preise Dich. Dein Wille geschehe. Amen.«

Sprechen Sie Gott direkt an. Bitten Sie Ihn direkt, und vertrauen Sie auf Seine Hilfe. Lehnen Sie sich dann innerlich zurück, atmen Sie auf, und lassen Sie die Gottheit aus dem Verborgenen wirken. Sie wissen, daß Gott nun aktiv ist und sich Ihres Problems annimmt. Beobachten Sie einfach, was geschieht.

Seien Sie im geduldigen und vertrauensvollen Abwarten aber auch darauf vorbereitet, daß sich Gott vielleicht an einem bestimmten Punkt entschließt, Sie in die Entwicklung aktiv miteinzubeziehen. Dann braucht Gott Ihre Hilfe. Dann sind Sie Sein verlängerter Arm hier auf Erden. Wenn Sie also an einem bestimmten Punkt die innere Stimme hören oder Ihnen ein äußeres Zeichen ins Auge springt, nehmen Sie es ernst und handeln Sie danach. Nehmen Sie dazu Ihren ganzen Mut und Ihre ganze Kraft zusammen. Es wird gelingen. Gott hält Sie.

Wenden Sie das Drei-Schritte-Programm bei jeder Schwierigkeit, bei jedem Problem an, Schritt für Schritt. Sie werden dabei Wunder erleben.

ANWENDUNG AUF DIE WICHTIGSTEN LEBENSBEREICHE

4. Kapitel

Beruf und Berufung

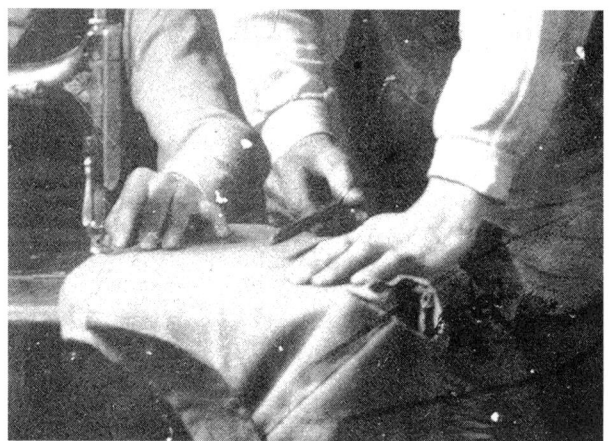

Arbeitende Hände

Jeder Mensch ist berufen. Sonst wäre er nicht hier. Der Ruf erschallt zur rechten Zeit. Alles Vorherige führt darauf hin. Nichts war umsonst.

Ihr Dasein hat einen Sinn, einen bestimmten Zweck. Es wartet eine Aufgabe auf Sie, die nur Sie erfüllen können. Vielleicht haben Sie Ihre Bestimmung schon erkannt und stehen in ihrem Vollzug. Dann brauche ich Ihnen nichts mehr zu erzählen.

Aber diejenigen, die die tägliche Arbeit noch unerfüllt läßt oder dauerhaft überfordert, sollten folgendes wissen: *Für jeden Menschen steht die Berufung bereit.* Es gilt lediglich, die Augen zu öffnen und das Bewußtsein zu erweitern. Sie gewinnen nichts, wenn Sie einer ungeliebten Tätigkeit nachgehen, denn das damit verdiente Geld, das ja immer der Beweggrund für eine ungeliebte Tätigkeit ist, geht sowieso drauf, für den Ersatz nämlich, der den notwendigen Ausgleich schafft.

Wenn man schon eine ungeliebte Arbeit verrichtet, muß man sich die Erfüllung oder den Ersatz dafür anderswo beschaffen. So wird das sauer verdiente Geld wieder ausgegeben – für das Auto, für Freizeitstreß, für Urlaub, für Alkohol, Essen gehen und für vieles mehr. Aber der Ersatz ersetzt die Erfüllung nicht ganz. Und wenn das Wochenende vorbei ist, geht es zurück in die Mühle. Dort wird einem wieder Stück für Stück das Leben aus dem Leib gepickt. Prometheus läßt grüßen. Eine ungeliebte Arbeit zu tun ist, als ob man einen ungeliebten Partner heiratet: Man schielt immer nach den anderen.

Wahre Erfüllung bringt nur das Richtige, im Privatleben der ganz und gar richtige Partner, im Berufsleben die ganz und gar richtige Arbeit, die Berufung. Ihr können Sie sich mit Leib und Seele verschreiben, sich ihr ganz widmen. Die Fähigkeiten, die Sie für Ihre Berufung brauchen, sind bereits seit Ihrer Geburt angelegt, wie ein Samen, der schon in der richtigen Erde liegt und nach all den Jahren nur noch auf Wasser wartet, um aufzugehen. Gießen müssen Sie selbst, und zwar mit den Wassern des Wissens und der Weisheit, die im schon beginnenden Zeitalter des Wassermanns so reichlich fließen wie seit Tausenden von Jahren nicht mehr.

Es ist alles da. Ihre Hand liegt an der Schleuse. Öffnen Sie sie, und bewässern Sie Ihr Land. Im Nu wird es aufblühen. Sie können dabei mit der Sicherheit des Gärtners zuschauen, der den Samen im wohlbestellten Boden weiß, die Sonne spürt und den Wasserhahn aufdreht.

Das Drei-Schritte-Programm ermöglicht Ihnen den Zugang zum notwendigen Wissen und zur belebenden Weisheit. Das Wissen und die Weisheit sind die Wasser, das Drei-Schritte-Programm ist die Wünschelrute.

Der Auftrag

Berufung ist gleichzeitig Auftrag. Dem Ruf gilt es zu folgen, den Auftrag zu erfüllen. Man erkennt die Berufung in demütig abwartender, empfangender Haltung. Dann aber, wenn die Ahnung zur Gewißheit wird und die eigene Bestimmung klar zu Tage tritt, gilt es zu handeln, auszuführen, zu arbeiten, zu gestalten, in die Tat umzusetzen.

Der Berufung zu folgen, braucht die gesamte Kraft, den vollen Mut, braucht den ganzen Menschen und ergreift ihn mit Haut und Haar, mit Leib und Seele. Die Zeit der halben Sachen ist dann vorbei. Alle angelegten Fähigkeiten entfalten sich, die bereits ausgebildeten Kräfte gewinnen volle Tragkraft. Alle Möglichkeiten werden genutzt. Ja, die eigenen Fähigkeiten sind nicht mehr nur bloße Möglichkeiten, sie werden zur Verpflichtung. Plötzlich werden sie von der Welt und den Umständen, die sich ergeben, eingefordert.

Wo es noch hakt, wo Sie noch aus ängstlichen Bedenken heraus Zurückhaltung üben, treten unweigerlich Schwierigkeiten und Probleme auf. Aber dieses Mal gibt es keine Ausflucht mehr, wie früher so oft. Die auftretenden Probleme verlangen mit Macht nach einer Lösung, einer echten Lösung, die den Weg frei macht.

Der Mensch, der seine Berufung bereits kennt, auch wenn ihm nur die nächste Etappe klar vor Augen steht, muß seinen Weg aus einer inneren Notwendigkeit heraus gehen. Das Richtige läßt ihm keine Wahl mehr. Er muß die auftauchenden Probleme lösen. Zu sehr würde er sonst in tiefes Leid fallen. Aber er hat ausgelitten, ist unfähig zu andauerndem Leid. Prometheus, der erste Mensch, weiß, was ihm blüht, wenn der Adler des Zeus anfliegt.

Nein, Prometheus läßt sich nicht mehr an den Felsen ketten. Er hat genug vom Leid. Er gibt das Vorteilsdenken auf, unterstellt sich Gottes Willen und wird gerade deshalb zum göttlichen Menschen. Er wird zum Herakles, der seine Aufgaben erfüllt, kein Zaudern und Zögern kennt, sich seiner Bestimmung im göttlichen Plan vollkommen widmet und Erfolg hat. (Ich empfehle Ihnen dazu das Buch *Der Heldenweg des Menschen* von Wolfgang Denzinger.)

Der Berufene hat die Fähigkeiten, die auftretenden Schwierigkeiten zu meistern, sobald er seine Berufung erkannt hat. Das notwendige Wissen wird Ihnen an die Hand gegeben. Sie werden Menschen begegnen und in Gesprächen Neues, Wichtiges erfahren. Bücher liegen zum Greifen nah, dieses Buch liegt bereits in Ihren Händen.

Wenn Sie Unzufriedenheit in Ihrem Beruf verspüren, wenn es Ihnen schwerfällt, Ihre Arbeit zu verrichten und Ihnen im Beruf keine innere Erfüllung und Freude zukommt, dann haben Sie Ihre Berufung noch nicht gefunden. Wenden Sie das Drei-Schritte-Programm an, nutzen Sie die enorme Kraft, die darin steckt. Lesen alleine genügt nicht. Sie müssen das Programm auf jedes einzelne Ihrer Probleme neu anwenden, wenn Sie Erfolg haben wollen.

1. Schritt: Der König bin ich.
Ich finde meine Berufung.

In Ihrem Leben, in Ihrem Land regieren Sie selbst. Nehmen Sie diese Wahrheit an, setzen Sie sich auf den Thron, und schauen Sie hinaus auf Ihr Land, in diesem Fall auf den Bereich Ihrer Arbeit, Ihres Berufes. Gelassen und in Ruhe sitzen Sie auf dem Thron und sehen sich an, was Sie den ganzen Tag beruflich tun, was dabei herauskommt, was das Endprodukt ist und wie es auf die anderen Menschen wirkt. Dann erlauben Sie sich auch einen Blick auf Ihre Gefühle während der Arbeit und danach. Machen Sie Bestandsaufnahme. Nehmen Sie sich dazu die Zeit, die Sie brauchen, mindestens aber eine Viertelstunde!

Seien Sie sich nun bewußt, daß die bestehende Situation, wie auch immer sie aussehen mag, durch die Macht Ihrer eigenen Gedanken geschaffen wurde. Sie sind der König.

Schon dieser erste Punkt ist enorm wichtig. Die meisten scheitern bereits hier, denn sie weisen den anderen die Schuld an den Schwierigkeiten im beruflichen Bereich zu und wollen von dieser Einstellung nicht lassen. Aber gerade das ist notwendig, wenn Sie wirklich verstehen wollen, daß Sie der König, der unumschränkte Herrscher in Ihrem Leben sind. Die anderen haben nie Schuld, auch nicht im geringsten. Die bestehende Situation wurde durch die Macht Ihrer eigenen Gedanken geschaffen. So ist die Welt eingerichtet. Erkennen Sie das, sonst kommen Sie nie auf einen grünen Zweig.

Die Gedanken sind die Boten, die Sie ins Land hinausschicken. Die Befehle, die sie in sich tragen, werden auf jeden Fall befolgt, was auch immer ihr Inhalt ist.

Meist sind es Gedanken der Angst, die in einem ungeliebten Beruf festhalten, wie z. B. »Ich kann nicht«, »Was passiert mit meiner Rente?«, »Mehr habe ich nicht gelernt«, »Dazu habe ich nicht das Format« usw. Spüren Sie solche Gedanken bei sich auf, und entscheiden Sie sich, sie nicht mehr zu denken. Die Macht dazu haben Sie. Sie sind Herr über Ihre Gedanken. Der Verstand und die Gedanken sind Ihnen als Werkzeuge untergeordnet. Das ist die seit jeher bestehende Ordnung. Sie haben die Entscheidungsgewalt darüber, ob Sie einen Gedanken, der Ihnen in den Sinn kommt, weiterdenken oder ob Sie ihn fallen lassen. Der König entscheidet, welche Boten er mit welchen Befehlen ins Land schickt.

Geben Sie die schädlichen, hemmenden Gedanken einfach auf. Allerdings werden sie zunächst wiederkommen. Zu gewohnt sind sie es, nach Lust und Laune umherschwirren zu können. Und zu gewohnt sind Sie es, sich von unkontrollierten Gedanken beherrschen zu lassen. Ihre Aufgabe ist es nun, sie immer wieder aufs neue zu erkennen und dann sofort fallen zu lassen. Das bedeutet einige Arbeit. Aber sie ist notwendig und zahlt sich reichlich aus.

Der König schafft zunächst Ordnung: »Alles hört auf meinen Befehl!« Unerwünschte Boten (Gedanken) werden in die Wüste geschickt. Keiner verläßt mehr die Burg ohne den ausdrücklichen Befehl des Königs. Die vorher übermächtigen Minister mit den wohlbekannten Namen »Angst«, »Haß«, »Habgier«, »Egoismus«, und wie sie alle heißen, werden fristlos entlassen. Sogar die Rente wird ihnen gestrichen. Sie werden verbannt. Zu lange und zu rücksichtslos haben sie in die eigene Tasche gewirtschaftet.

Die Ordnung ist wiederhergestellt. Der König weiß, wer er ist, und hat das Zepter ergriffen. Sie haben die Regentschaft im Bereich Ihres Berufes übernommen.

Konkret:

- Sie übernehmen selbst die Verantwortung für Ihre berufliche Situation.
- Sie lassen jeden Gedanken der Angst und des Unvermögens fallen.

Nun sind Sie bereit für den zweiten Schritt.

2. Schritt: Urteil aufgeben. Vergebung.
Niemand hat schuld.

Der König ist nicht allein. Er ist von Gottes Gnaden. Er weiß Gott über sich, der ihm beisteht und ihm mit Rat und Tat Führung anbietet.

Sie sind nicht allein. Gott ist bei Ihnen. Bevor Sie aber Seinen Rat und Seine Tat (3. Schritt) sehen und annehmen können, müssen Sie erst Ihre Trennung von Gott rückgängig machen. Die Trennung ist rein gedanklich und besteht nicht in Wirklichkeit. Die gedankliche Abtrennung von Gott ist das Ur-teil, das erste Teilen der Ganzheit. Genau dieses Urteil, das Urteilen überhaupt, müssen Sie aufgeben.

In diesem Fall geht es um das Urteil über Ihren bisherigen beruflichen Werdegang. Geben Sie das Urteil darüber auf, und schauen Sie auf das Ganze. Ihre Ausbildung und Ihr Beruf sind weder gut noch schlecht. Auch die verpaßten Möglichkeiten sind weder gut noch schlecht für Sie. Spielen Sie nicht mehr den Richter, der glaubt, alles besser zu wissen. Es war, wie es war. Stimmen Sie zu, wie sich Ihr berufliches Leben bisher gestaltet hat.

Sodann üben Sie aus vollem Herzen Vergebung. Vergeben Sie allen Menschen, die vielleicht dazu beigetragen haben, daß Sie heute eine ungeliebte Arbeit verrichten. Vergeben Sie Ihren Eltern, falls sie Ihnen einen falschen Beruf nahegelegt haben. Vergeben Sie Ihren Arbeitskollegen, wenn sie gegen Sie intrigiert haben. Vergeben Sie Ihrem Chef, falls er Sie nicht hat hochkommen lassen. Sie alle sind nur Erfüllungsgehilfen Ihres Schicksals, das Sie als König in Ihrer Hand halten.

Vergeben Sie dem Leben, daß es Geld und Einsatz für Ihren Unterhalt fordert. Vergeben Sie auch sich selbst für all die Unzulänglichkeiten, falschen Entscheidungen und für angstvolles Verharren.

Vergeben Sie vor allem, und das ist sehr wichtig, vergeben Sie Gott, daß Er die Welt so eingerichtet hat, wie sie ist. Stimmen Sie Gott und der Welt zu. Sie stimmen damit auch Ihrer Herkunft zu, die göttlich ist. Sie sind ein Sohn oder eine Tochter Gottes. Ihnen gebührt nur das Beste.

Im Hinblick auf unser Thema ist das der beste Beruf, die Berufung, die Aufgabe, die Ihnen seit Anbeginn für dieses Leben vorbestimmt ist. Die Freiheit des Menschen liegt in der Zustimmung zur eigenen Bestimmung. Hier finden Sie Freude und Glück.

Ihre bisherige Arbeit und Ihre berufliche Erfahrung bilden die Grundlage. Das gilt auch für eine eventuell bestehende Arbeitslosigkeit. Nichts war umsonst. Alles hat seinen Sinn.

Üben Sie wahre Vergebung mit Demut im Herzen. Werden Sie auf diese Weise reif für den dritten Schritt. Werden Sie reif zu erfahren, wie Sie Ihre Berufung erkennen.

Nachdem der König Ordnung in seinem Land geschaffen hat, kniet er vor Gott nieder und gibt sich seiner Aufgabe hin, Werkzeug Gottes auf Erden zu sein. Des Königs Ohren öffnen sich für die göttlichen Eingebungen. Plötzlich sehen und verstehen seine Augen Gottes Zeichen, und sein Herz bittet in Demut um Seine Hilfe. Damit kommen wir zum dritten Schritt.

3. Schritt: Rat und Tat Gottes.
Ich stehe nicht allein.

Jetzt, da Sie Ihr berufliches Leben mit Abstand betrachtet haben, Ihre Angstgedanken als Ursache in diesem Bereich erkannt und sie fallen gelassen haben, das Urteil über die Vergangenheit aufgegeben und allen vergeben haben, jetzt stellt sich die Frage nach Ihrer Berufung. Seien Sie sicher, daß es Ihre ganz persönliche Berufung gibt!

Was ist es, was als berufliche Arbeit auf Sie wartet? Es muß sich dabei nicht immer um bezahlte Arbeit handeln. Es können auch andere Aufgaben sein, z. B. Kindererziehung, ehrenamtliche Tätigkeiten usw.

Welche Boten soll der König ins Land hinausschicken? Welche Gedanken sind gut für Sie und Ihr berufliches Leben? Was ist die nächste Tat des Königs? Was sollen Sie tun, was lassen? Dort, wo der König nicht weiterweiß, besinnt er sich auf Gott und Seinen Beistand.

Der Rat Gottes

Der König zieht sich im Gebet an einen ruhigen Ort zurück und bittet Gott um Seinen Rat. Sie wissen bereits, daß Gott zu Ihnen über die innere Stimme und über äußere Zeichen spricht. Ihre Bitte aber ist dazu notwendig. Ihre Augen und Ohren öffnen sich nur in der Demut des Herzens und nach der ausgesprochenen Bitte.

Bitten Sie Gott um genaue Anweisungen. Formulieren Sie Ihre Frage präzise. Beten Sie z. B.: »Vater, ich weiß in meinem Beruf nicht mehr weiter. Ich kann meine Aufgabe nicht aus eigener Kraft erkennen. Bitte offenbare mir meine Berufung. Laß mich Deine Stimme deutlich hören, oder schicke mir ein eindeutiges Zeichen, das ich klar verstehen kann. Ich danke Dir, und ich preise Dich. Amen.«

Wenn Sie so oder ähnlich beten, ist die Frage nach der Berufung präzise gestellt. Wenn Sie eine andere Frage bezüglich Ihres Berufes haben, formulieren Sie sie ebenfalls genau und unmißverständlich. Sie werden ganz sicher eine Antwort bekommen. Seien Sie jedoch aufmerksam und bereit. Die Antwort kann in den nächsten Sekunden kommen oder in einigen Tagen oder Wochen. Bitten Sie jeden Tag um die Antwort auf Ihre Frage, und schärfen Sie so Ihre Sinne.

Die *innere Stimme* hören Sie am Anfang nur in der Stille. Sie können nicht erwarten, daß Sie als Anfänger auf diesem Gebiet die innere Stimme im Trubel des Alltags vernehmen können. Ziehen Sie sich zur Meditation zurück, begeben Sie sich regelmäßig in die Stille.

Viele berichten, daß Sie die Stimme Gottes in sich als tiefe Stimme vernehmen, die aus der Mitte ihrer Brust tönt. Es kann bei Ihnen jedoch anders sein. Hier müssen Sie Ihre eigenen Erfahrungen machen.

Ein *äußeres Zeichen* können Sie zwar jederzeit und an jedem Ort erblicken. Es braucht jedoch Ihre geschärften Sinne. Sie müssen dazu auch alles vergessen, was Sie über Naturwissenschaft und Logik wissen. Logische und naturwissenschaftliche Erklärungen spielen in diesen Bereichen keine Rolle. Ein äußeres Zeichen, das Ihnen von Gott als Antwort auf eine Frage geschickt wird, ist ein Wunder. Die Gesetze der Logik sind dabei außer Kraft gesetzt. Ein Wunder richtet sich weder nach der Schwerkraft, noch nach Zeit und Raum. Vergessen Sie auch den Zufall.

Ein äußeres Zeichen können Sie deshalb mit dem Verstand nicht verstehen. Sie erfassen es mit der Ganzheit Ihres Wesens, mit Ihrer spontanen Intuition. Die Bedeutung eines äußeren Zeichens fliegt Ihnen, wenn Sie dazu bereit sind, von selbst zu. Sie sind Empfänger der Bedeutung, nicht der Deuter. Es fällt Ihnen wie Schuppen von den Augen. Die Erkenntnis ist plötzlich da, oft blitzartig. – Hier einige Beispiele für äußere Zeichen. Die Beispiele sind zum Teil vereinfacht, um Ihnen das Prinzip deutlich zu machen.

Erstes Beispiel: Der Wolkenamboß

Ein Mann hat studiert. Mit seinem Beruf aber ist er unzufrieden. Er bittet Gott um ein eindeutiges Zeichen mit der Frage nach seiner wahren Berufung. Um sensibler für die Antwort zu werden, begibt sich der Mann in die Ruhe eines großen Waldes und wandert aufmerksam, aber ohne äußeres Ziel darin umher.

Nach Stunden – er liegt gerade mit offenen Sinnen im weichen Moos einer Lichtung – sieht er am blauen Himmel eine sonderbare Wolke heranziehen. Während er die Wolke betrachtet, überkommt ihn das Gefühl, daß sie das erbetene Zeichen birgt. Mit voller Aufmerksamkeit, am ganzen Körper gespannt und mit klaren Augen schaut er in den Himmel.

Plötzlich erkennt er die Form, die immer deutlicher von der Wolke eingenommen wird. Es ist die Form eines Ambosses. Fassungslos schaut der Mann zu, wie der Wind eine zweite Wolke in Form eines Hammers zur ersten Wolke hinzubläst. Der Mann versteht, daß »Schmied« die Antwort auf seine Frage ist. Er soll Schmied werden! Als Kind war das zwar sein Traumberuf, aber danach hatte er es ganz vergessen. Mit dieser Antwort, die ihm von Gott geschenkt wurde, geht der Mann langsam durch den Wald nach Hause. Er hat noch keine Ahnung, wieso er Schmied werden soll und wofür der Beruf heute noch gebraucht wird. Aber er weiß tief drinnen, daß die Antwort richtig ist, weil sie ihn zu Tränen rührt.

Zweites Beispiel: Das Borkenpferd

Ein Mann ist schon seit Jahren als Statistiker an einer Universität tätig. Da er schon seit geraumer Zeit das bestimmte Gefühl hat, daß das nicht seine Lebensaufgabe ist, nimmt er an einem Seminar teil, das sich mit äußeren Zeichen beschäftigt. Nach den erklärenden Worten des Seminarleiters geht er alleine auf die Visionssuche, wie man die Suche nach äußeren Zeichen auch nennt. In der freien Natur nimmt er spielerisch ein Stück trockene Baumrinde zur Hand. In dem Bewußtsein von Gottes Gegenwart springt ihm plötzlich auf der Innenseite der Baumrinde ein Pferd ins Auge. Zunächst weiß der Mann nicht, was er damit anfangen soll. Abends erzählen die Seminarteilnehmer, um ein Lagerfeuer sitzend, ihre Erlebnisse auf der Visionssuche. Zum Schluß sagt der Leiter: »Paßt auf eure Träume auf. Manchmal trägt ein Traum zur Deutung eines äußeren Zeichens bei. «

Unser Mann träumte in der folgenden Nacht, daß er in einem Stall mehrere Pferde zu betreuen hatte. Mit glücklichem Gesicht pflegte er die Pferde, sah sie mit Zufriedenheit auf der Koppel weiden und ritt auf seinem Lieblingspferd, einem Rappen, über die Hügel des Alpenvorlandes.

Dieser Traum brachte die Deutung des Pferdes auf der Baumrinde. Für den Mann war der Traum eine Vision, die er verwirklichen sollte. Er verfolgte diese Vision und machte sie nach Jahren wahr, was statistisch gesehen äußerst unwahrscheinlich ist.

Drittes Beispiel: Das Steingesicht

Hier möchte ich eine Begebenheit erzählen, die mir selbst widerfahren ist. Eigentlich ohne besondere Fragestellung verbrachte ich zur Fortbildung eine Woche in Rütte, einem von Graf Dürckheim gegründeten Therapiezentrum im Schwarzwald. Ich wußte damals schon, daß es äußere Zeichen gibt, ja daß alles, was wir erleben, ein äußeres Zeichen ist. Aber es war ein angelesenes Wissen, das sich noch nicht in konkreter Erfahrung gezeigt hatte.

In jener Woche in Rütte nahm ich mir vor, alles, was mir begegnete, als äußeres Zeichen zu nehmen, sensibel und bereit für die Hinweise des Lebens zu sein. Zeit und Muße dazu hatte ich ja in diesen Tagen zur Genüge. Neben vielen hinführenden Ereignissen, deren Schilderung hier zu weit führen würde, hatte ich am Ende der Woche folgendes entscheidende Erlebnis:

Bei einer Wanderung im Schwarzwald stieg ich einen steilen Hohlweg hinauf. Beim Rückweg wollte ich den Hohlweg meiden, weil es schon dunkel zu werden begann. Deshalb suchte ich auf der Karte einen schnelleren und einfacheren Weg. Auf dieser Abkürzung wähnte ich mich, als ich mich wunderte, daß die Wegkreuzung, die ich laut Karte erwartete, einfach nicht kommen wollte. Plötzlich, schon ahnend, daß ich mich verlaufen hatte, stand ich wieder am oberen Einstieg des Hohlwegs.

Das muß etwas Besonderes auf sich haben, sonst wäre ich nicht gegen meinen Willen nochmals hierhergeführt worden, dachte ich. Langsam und bedächtig stieg ich den Hohlweg hinunter, gespannt darauf, welche Botschaft er für mich bergen würde. Ich hatte kaum die Hälfte des Hohlweges durchschritten, da glitt ich, schon in der Dämmerung, auf einem glatten Stein aus. Es setzte mich auf den Boden. Sofort stand ich auf und ging weiter, da ich wegen der hereinbrechenden Dunkelheit in Eile war. Nach einigen Metern erinnerte ich mich aber daran, daß ich jeden Schritt auf dem Hohlweg genau beobachten wollte. Wenn alles seinen Sinn hat, dann auch mein Ausrutscher. Ich sollte mich hinsetzen und nicht weitereilen! Also gut, dachte ich, ging zurück und setzte mich genau auf die Stelle, auf die ich vorher gefallen war.

Dort saß ich nun und schaute auf alle Seiten, ob irgendwo ein Ding wäre, das mir besonders auffiel und das vielleicht eine Botschaft für mich bereithielt. Aber ich erblickte nichts Besonderes, nur Moos, Farne, Bäume und Steine. Zwei von den Steinen nahm ich, nur weil sie genau zu meinen Füßen lagen, und packte sie in den Rucksack.

Zwei Tage später lag ich in meinem Bett, als mir die beiden

Steine auf dem Schreibtisch ins Auge fielen. Ich nahm einen von ihnen zur Hand und betrachtete ihn im Schein der Lampe genauer. Nach einer Weile überkam mich das Gefühl, daß gleich etwas Wichtiges geschehen wird. Wie gebannt starrte ich auf den faustgroßen Stein, während ich ihn in den verschiedenen Richtungen des Lichtes drehte. Ich wußte, nur ein bißchen mehr der Drehung, und mir würde etwas ins Auge springen. Mein Herz klopfte, ich war gespannt wie eine Feder.

Da war es! Ein Gesicht schaute mir aus dem Stein entgegen, klein, vielleicht nur einen Zentimeter groß. Gleich darauf noch ein zweites. Männergesichter! Noch nie hatte ich bis dahin Menschengesichter in einem natürlichen Gegenstand erblickt. Das nächste war das Gesicht eines Clowns, dann ein Mann mit einem langen Bart. Immer mehr Gesichter wurden es, die teilweise ineinander übergingen. Dann kamen dämonische Fratzen hinzu, die zu beschreiben mir die Worte fehlen.

Schon stieg Angst in meiner Brust auf. Ich fragte mich: »Was soll das? Wohin bin ich geraten?« Noch häßlichere Fratzen tauchten auf, wahre Teufel. Ich wollte den Stein schon angewidert weglegen. Aber irgend etwas ließ mich weitermachen. Die Angst ebbte ab.

Plötzlich sah ich es: Bei einer kleinen Drehung des Steins tauchte ein Gottesgesicht auf, wunderschön, mit vollem Haar und langem, wallendem Bart – so wie Zeus im antiken Griechenland dargestellt wurde. In diesem Moment brach sich eine Erkenntnis in mir Bahn, die mich vollkommen erschütterte, mein Leben bis auf den heutigen Tag nachhaltig veränderte und in neue, aufregende Bahnen lenkte.

Die Erkenntnis lautet: »**Alles ist eins. Alles ist Einheit.**«

Wenn teuflische Fratzen und das Gesicht Gottes sich in diesem Stein vereinen, dann ist alles eins. Nichts auf der Welt ist dann vom anderen getrennt. Auch der Mensch ist dann eins mit allem, eins mit Gott und der Welt.

Zitternd hielt ich den Stein vor Augen und bebte am ganzen Körper, denn ich verstand noch mehr. Ich erhielt in diesem Augenblick den Auftrag, den Gedanken der Einheit zu verbreiten, andere Menschen davon in Kenntnis zu setzen, daß alles in der Einheit ist. Das verstand ich augenblicklich.

Ich wußte nicht, wie ich das tun sollte, ob in gemalten Bildern, dokumentierenden Photographien oder im geschriebenen oder gesprochenen Wort. Ich wußte auch nicht, ob ich die Fähigkeiten dazu hatte. Aber ich hatte meinen Auftrag erhalten. Ich erkannte auch, daß er meine ganze Kraft braucht und meinen vollen Einsatz.

Ohne genau zu wissen, wie es weitergehen würde, kündigte ich eine Woche später meine Arbeit in der Klinik, um mich ganz der neuen Aufgabe widmen zu können. Das Unverständnis meiner Kollegen berührte mich nicht. Die Gotteserfahrung, die mich in meine Aufgabe eingesetzt hatte, gab mir Kraft und Durchhaltevermögen. Noch heute weist sie mir den Weg. Dieses Buch ist eine Frucht meiner damaligen Erfahrung mit dem äußeren Zeichen auf dem Stein. Für mich wurde er zum Stein des Weisen.

Diese drei Beispiele mögen Ihnen Einblicke geben in das Wesen eines äußeren Zeichens. Es sollen jedoch keine Vorbilder sein, denn Gott spricht zu Ihnen auf eine ganz eigene Weise. Sie sind ein einzigartiger Mensch. Ihre Berufung ist ebenfalls einzigartig. Auch wenn es vielleicht viele gibt, die Ähnliches zu vollbringen haben.

Möglicherweise stehen Sie bereits in Ihrer Berufung, und Ihre Unzufriedenheit leitet sich von anderen Umständen an Ihrem Arbeitsplatz her (z. B. Ungereimtheiten mit Ihren Kollegen). Auch in solchen Fällen bietet Ihnen das Drei-Schritte-Programm wertvolle Hilfe.

Die äußeren Zeichen, die Sie erblicken, sind speziell für Sie. Wenn Sie sich einmal mit ihnen vertraut gemacht haben, werden Sie mit der Zeit viele Zeichen erkennen. Haben Sie den Mut, Gott in Demut zu fragen.

Die Deutung können nur Sie selbst empfangen. Vielleicht brauchen Sie anfangs eine gewisse Anleitung. Aber die letztendliche Deutung können nur Sie selbst erfassen.

Ich wünsche Ihnen nun viel Erfolg und Freude bei der Lösung Ihrer beruflichen Probleme und beim Aufspüren Ihrer Berufung.

Die Tat Gottes

Was tun, wenn Sie keine innere Stimme hören und keine äußeren Zeichen erkennen oder sie einfach nicht klar deuten können? In diesem Fall steht Ihnen noch ein weiteres, sehr machtvolles Mittel zur Verfügung: Sie legen alles in Gottes Hände und geben zu, daß Sie selbst machtlos sind und nicht mehr weiterwissen.

Wenn Sie trotz Ihres Bemühens nicht herausfinden, auf welche Weise Sie ein Werkzeug Gottes sein können, dann überlassen Sie das Handeln Ihm und warten in Geduld und Vertrauen ab, was geschieht. Gott fügt alles zum Guten.

Hier kommt es auf Ihr tiefes Vertrauen zur göttlichen Kraft an. Sie bahnt der Lösung Ihres Berufsproblems den Weg. Urteilen Sie nicht über die verschiedenen Schritte auf dem Weg zur Lösung. Gottes Wege sind manchmal sonderbar und überraschend. Wichtig ist, daß Sie der Problemlösung nicht im Wege stehen. Finden Sie die vertrauende Haltung im Gebet. Beten Sie z. B.:

»Vater-Mutter-Gott, ich kann im Moment nicht erkennen, was ich aktiv zur Lösung meines Berufsproblems (bezeichnen Sie das Problem genau) beitragen kann. Ich weiß nicht, was ich tun soll. So übergebe ich das Problem ganz Dir, damit Du es löst. Auf Dich vertraue ich. Ich danke Dir für Deine Hilfe. Dein Wille geschehe. Amen.«

Setzen Sie sich dann innerlich zurück, atmen Sie auf, und gehen Sie Ihren Geschäften nach. Auch wenn Ihnen Ihre Arbeit vielleicht nicht gefällt und Sie nicht wissen, ob und wie sie sich verändern soll, nutzen Sie die Zeit, indem Sie schon in die gegenwärtige Arbeit Würde und Stolz legen. Tun Sie Ihre Arbeit ungewöhnlich gut, auch wenn es eine ganz gewöhnliche Arbeit ist, und lassen Sie Gott aus dem Verborgenen wirken. Sie wissen ja nun, daß Er aktiv ist und sich Ihres Problems angenommen hat. Beobachten Sie einfach, was geschieht.

Seien Sie im geduldigen und vertrauensvollen Abwarten aber auch darauf vorbereitet, daß sich Gott an einem bestimmten Punkt entschließt, Sie in die Entwicklung aktiv miteinzubeziehen. Dann braucht Er Ihre Hilfe. Dann sind Sie Sein verlängerter Arm hier auf Erden. Wenn Sie also an einem bestimmten Punkt die innere Stimme hören oder Ihnen ein äußeres Zeichen ins Auge springt, nehmen Sie es ernst und handeln Sie danach. Nehmen Sie dazu Ihren ganzen Mut und Ihre ganze Kraft zusammen. Es wird gelingen. Gott hält Sie.

Konkret:

- Gehen Sie jeden Tag in die Stille, um die innere Stimme zu vernehmen. Das ist, als ob Sie das Radio anschalten. Wenn Sie das Gerät nicht einschalten, können Sie keine Nachrichten hören.
- Gehen Sie bei wichtigen Entscheidungen in die Natur zur Visionssuche, und finden Sie die Botschaft in äußeren Zeichen.
- Wenn Sie danach noch nicht wissen, was zu tun ist, übergeben Sie das Problem vertrauensvoll Gott. Halten Sie aber weiterhin Augen und Ohren offen.

5. Kapitel

Paarbeziehung zwischen Mann und Frau

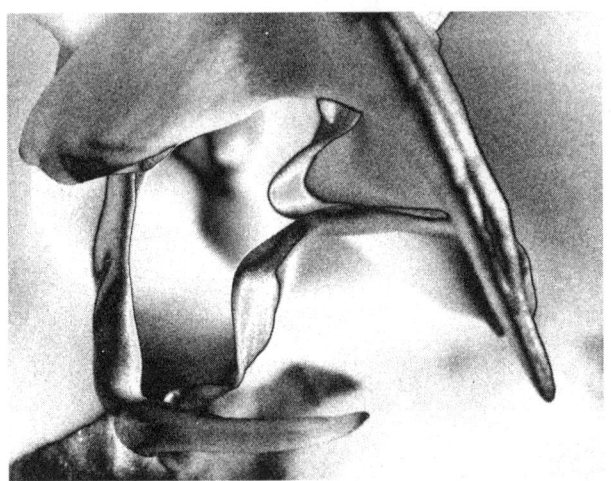

Vereinigung

Wenn Sie in einer Paarbeziehung leben, in der Glück und Freude herrscht, Sie sich mit Ihrem Partner tief von Herzen verbunden wissen und die Liebe in allen Bereichen fließt, dann brauchen Sie dieses Kapitel nicht zu lesen. Ich beglückwünsche Sie.

Wenn Sie aber in Ihrer Partnerschaft unzufrieden sind, es immer wieder zu Streitigkeiten kommt, Sie sich seit längerem innerlich von Ihrem Partner entfernt haben oder auch nur das unbestimmte Gefühl haben, daß in Ihrer Partnerschaft irgend etwas nicht stimmt, dann lesen Sie dieses Kapitel genau durch und wenden Sie dabei das Drei-Schritte-Programm an.

Lesen allein genügt nicht! Sie müssen das Programm auf jedes einzelne Ihrer Probleme anwenden, wenn Sie Erfolg haben wollen.

1. Schritt: Der König bin ich.
Die Macht zur Veränderung.

In Ihrem Leben, in Ihrem Land regieren Sie selbst. Nehmen Sie diese Wahrheit jetzt an, setzen Sie sich auf Ihren Thron, und schauen Sie hinaus auf Ihr Land, in diesem Fall auf den Bereich Ihrer Paarbeziehung.

Gelassen und in Ruhe sitzen Sie auf dem Thron, und sehen sich Ihre Paarbeziehung an. Wo ist die Beziehung gut, wo hapert es? Womit sind Sie zufrieden? Was wünschen Sie sich anders? Wenn es um ein spezielles Problem, einen aktuellen Streit geht, sehen Sie sich auch dies genau an. Seien Sie dabei ehrlich zu sich selbst, beschönigen Sie nichts. Machen Sie Bestandsaufnahme. Nehmen Sie sich dazu die Zeit, die Sie brauchen, mindestens aber eine Viertelstunde!

Seien Sie sich nun bewußt, daß die bestehende Situation, wie auch immer sie aussehen mag, durch die Macht Ihrer eigenen Gedanken geschaffen wurde. Sie sind der König.

Schon dieser erste Punkt ist besonders in der Partnerschaft enorm wichtig. Die meisten scheitern bereits hier, denn sie weisen dem Partner die Schuld an den Schwierigkeiten zu und wollen von dieser Einstellung nicht lassen. Aber gerade das ist notwendig, wenn Sie wirklich verstehen wollen, daß Sie der König, der unumschränkte Herrscher in Ihrem Leben sind. Der andere hat nie Schuld, auch nicht im geringsten. Die bestehende Situation wurde durch die Macht Ihrer eigenen königlichen Gedanken geschaffen. So ist die Welt eingerichtet. Akzeptieren Sie das, sonst bleibt Ihnen der Weg ins Glück versperrt.

Ihre Gedanken sind die Boten, die Sie ins Land hinausschicken. Die Befehle, die sie bei sich tragen, werden auf jeden Fall befolgt, was immer auch ihr Inhalt ist.

So sind vor allem die Gedanken des Vorwurfs der Partnerschaft abträglich. Solange Sie dem anderen etwas vorwerfen und nicht sehen wollen, daß Sie sich durch Ihre Gedanken selbst in diese Lage gebracht haben, gibt es keine dauerhafte Lösung.

Was ist denn die Lösung in der Partnerschaft? Was ist das beste?

Was ist einem König und einer Königin gemäß? Das beste ist, mit dem richtigen Partner in Glück und Freude zu leben und gesunde, gedeihende Kinder zu haben. Jeder wünscht sich das. Es muß einen Grund haben, daß dieser Wunsch allen Menschen so nahe ist. Wie sich auch jeder, der ehrlichen Mut hat, wünscht, seine Berufung zu finden. Der Berufung zu folgen und sie zu erfüllen, ist die berufliche Aufgabe im Leben, unser beruflicher Beitrag zum Gelingen des Ganzen, zum Gelingen von Gottes Plan der Menschwerdung.

Glück und Erfüllung in der Paarbeziehung und gesunde, glückliche Kinder zu haben ist unsere Aufgabe im Bereich der Familie. Aus einer glücklichen Familie stammen zufriedene Menschen, die angstfrei in Gottes Plan eintreten und ihre Aufgaben mit Freude erfüllen.

Glück und Freude in der Partnerschaft sind von Gott gewollt! Der Schlüssel dazu liegt in Ihrer Hand. Der König hat die Macht zur Veränderung. Niemand sonst! Geben Sie die Gedanken des Vorwurfs einfach auf. »Wenn mein Partner nur anders wäre, dann . . .« Lassen Sie diesen oder ähnliche Gedanken fallen. Das ist einfach, denn Sie sind Herr über Ihre Gedanken. Die Gedanken sind Ihnen als Werkzeuge untergeordnet.

Sie haben die Entscheidungsgewalt, die Gedanken des Vorwurfs sofort fallen zu lassen, sobald sie Ihnen in den Sinn kommen. Allerdings werden sie zunächst wiederkommen. Zu gewohnt sind sie es, sich nach Lust und Laune ausbreiten zu dürfen. Ihre Aufgabe ist es nun, die Gedanken des Vorwurfs stets aufs neue zu erkennen und dann sofort fallen zu lassen. Das bedeutet aufmerksame Arbeit. Aber sie ist notwendig und zahlt sich reichlich aus.

Der König schafft zunächst Ordnung: »Alles hört auf meinen Befehl!« Unerwünschte Boten (Gedanken) werden fortgeschickt. Keiner verläßt mehr die Burg ohne den ausdrücklichen Befehl des Königs. Die vorher übermächtigen Minister mit den bekannten Namen »Vorwurf«, »Schuldzuweisung« und »Selbstmitleid« werden fristlos entlassen. Der Mund wird ihnen verboten, zur Stummheit werden sie verdammt. Zu lange und erbarmungslos haben sie den König von der Übernahme der Verantwortung abgehalten.

Die Ordnung ist wiederhergestellt. Der König weiß, wer er ist, und hat das Zepter ergriffen. Sie haben das Zepter im Bereich Ihrer Paarbeziehung übernommen.

Konkret:

- Sie übernehmen selbst die Verantwortung für die Situation in Ihrer Paarbeziehung.
- Sie lassen jeden Gedanken der Schuldzuweisung an Ihren Partner fallen.

Nun sind Sie bereit für den zweiten Schritt.

2. Schritt: Urteil aufgeben. Vergebung. Nichts war umsonst.

Der König ist nicht allein. Er weiß Gott über sich, der ihm beisteht und ihm mit Rat und Tat Hilfe anbietet. Sie sind nicht allein. Gott ist bei Ihnen. Bevor Sie aber Seinen Rat und Seine Tat (3. Schritt) sehen und annehmen können, müssen Sie erst Ihre Trennung von Gott rückgängig machen. Die Trennung ist rein gedanklich und besteht in Wirklichkeit nicht. Die gedankliche Abtrennung von Gott ist das Ur-teil, das erste Teilen der Ganzheit. Genau dieses Urteil, das Urteilen überhaupt, müssen Sie aufgeben.

In diesem Fall geht es um das Urteil über Ihre derzeitige Partnerschaft und auch über die vorhergehenden Partnerschaften. Geben Sie das Urteil darüber auf, und schauen Sie auf das Ganze. Ihre Erfahrungen in der Partnerschaft sind weder gut noch schlecht. Auch die Fehler der Vergangenheit und die verpaßten Gelegenheiten sind weder gut noch schlecht für Sie. Spielen Sie nicht mehr den Richter über Ihr bisheriges Leben. Es war, wie es war. Stimmen Sie zu, wie sich Ihr Leben in der Partnerschaft bisher gestaltet hat.

Sodann üben Sie aus vollem Herzen Vergebung. Vergeben Sie all Ihren bisherigen Partnern, die Sie in Schwierigkeiten gebracht haben, angefangen vom ersten Freund oder der ersten Freundin bis zum jetzigen Partner, Ihrem Ehemann oder Ihrer Ehefrau. Tragen Sie keinem mehr etwas nach. Alles war zu Ihrem Besten. Alles war gut, ja sogar notwendig, um Sie in die Gegenwart, in den Augenblick zu führen, in dem Sie in der Paarbeziehung einen neuen Anfang machen können. Wenn es um ein aktuelles Problem in Ihrer Paarbeziehung geht, vergeben Sie Ihrem Partner, was auch immer Sie ihm vorwerfen.

Vergeben Sie dem Leben, daß es von Ihnen einen Lernprozeß fordert, bevor es Ihnen Glück und Frieden gewährt. Vergeben Sie auch sich selbst für all die Unzulänglichkeiten, falschen Entscheidungen und für all das egoistische Trachten.

Vergeben Sie vor allem, und das ist sehr wichtig, vergeben Sie Gott, daß Er die Welt so eingerichtet hat, wie sie ist. Stimmen Sie Gott und der Welt zu. Sie stimmen dadurch auch Ihrer Herkunft zu, die göttlich ist. Sie sind ein Sohn oder eine Tochter Gottes. Ihnen gebührt nur das Beste.

Das beste im Hinblick auf unser Thema ist der beste Partner, die große Liebe, die Beziehung, die Familie, die Ihnen von Anbeginn an für dieses Leben vorbestimmt ist. Den richtigen Partner gibt es auch für Sie. Vielleicht haben Sie ihn schon gefunden, auch wenn Sie mit ihm/ihr in Schwierigkeiten stecken sollten. Es geht oft »nur« um die richtige, innere Einstellung zum Partner.

Die Freiheit des Menschen liegt in der Zustimmung zur eigenen Bestimmung. Der richtige Partner ist Ihnen vorbestimmt. Wenn Sie ihn bereits gefunden haben, stimmen Sie ihm zu. Sagen Sie mit vollem Herzen »Ja«. Wenn Sie Ihrer Partnerschaft noch nicht mit vollem Herzen zustimmen können, haben Sie entweder den richtigen Partner noch nicht gefunden, oder aber in Ihrem jetzigen Partner noch nicht erkannt. Zustimmung zum Richtigen bringt Freude und Glück. Ihre bisherigen Erfahrungen in der Paarbeziehung bilden die Grundlage. Nichts war umsonst. Alles hat seinen Sinn.

Üben Sie wahre Vergebung mit Demut im Herzen. Werden Sie auf diese Weise reif für den dritten Schritt. Werden Sie reif zu erfahren, wie Sie zu Freude und Glück in der Paarbeziehung gelangen.

Nachdem der König Ordnung in seinem Land geschaffen hat, Gott und den Menschen vergeben hat, kniet er nieder und bittet Gott, ihn seine Königin erkennen zu lassen. Er bittet auch um die

Weisheit, wie das Glück des Königspaares erlangt und bewahrt werden kann. Des Königs Ohren öffnen sich für die Eingebungen Gottes. Plötzlich sehen und verstehen seine Augen Gottes Zeichen, und sein Herz bittet in Demut um Gottes Hilfe.

Jetzt ist die Zeit reif für den dritten Schritt.

3. Schritt: Rat und Tat Gottes.
Der richtige Partner.

Jetzt, da Sie Ihre Paarbeziehung mit Abstand betrachtet haben, die Gedanken des Vorwurfs als Problemursache erkannt, sie fallengelassen und allen vergeben haben, jetzt stellt sich die konkrete Frage nach der Lösung Ihrer Paarprobleme. Die Voraussetzungen sind geschaffen.

Welche Boten soll der König zur Königin oder die Königin zum König schicken? Welche Gedanken sind gut für Sie und Ihre Paarbeziehung? Was sind die nächsten Worte des Königs? Was sollen Sie in der Partnerschaft tun, was lassen?

Dort, wo der König nicht weiterweiß, besinnt er sich auf Gott und Seinen Beistand.

Der Rat Gottes

Die Fragen und Schwierigkeiten, die in einer Paarbeziehung auftreten können, sind vielgestaltig. Es hat deshalb keinen Sinn, hier alle möglichen Probleme durchzuspielen. Ich möchte Ihnen jedoch mit dem Drei-Schritte-Programm ein Gerüst, eine Methode an die Hand geben, mit der Sie in jedem Einzelfall die für Sie richtige Problemlösung finden können.

Das, was für Sie in der Paarbeziehung das Richtige, das Gottgewollte ist, wissen Sie vielleicht nicht. Mit anderen Worten: Das, was Ihnen an Botschaften von Gott zukommen wird, mag vollkommen neu und überraschend für Sie sein. Lösen Sie sich deshalb aus Ihrem gewohnten Denken, und halten Sie alles für möglich.

Vergessen Sie alle Probleme der Vergangenheit. Sie sind nicht mehr zu lösen. Die Vergangenheit ist vorbei. Denken Sie auch nicht an die möglichen Probleme der Zukunft. Sie wissen nicht, wie die Zukunft aussehen wird. Die zukünftigen Probleme kennen Sie nicht. Also können Sie sie jetzt auch nicht lösen.

Kümmern Sie sich nur um das aktuelle Problem der Gegenwart, des Augenblicks. Das gilt letztendlich für die Probleme in allen Bereichen. Das derzeitige Problem ist immer das wichtigste.

Für die Lösung des aktuellen Paarproblems steht Ihnen der Rat Gottes zur Verfügung. Der König zieht sich im Gebet an einen ruhigen Ort zurück und bittet Gott um Seinen Rat. Sie wissen bereits, daß Gott zu Ihnen über die innere Stimme und über äußere Zeichen spricht. Ihre Bitte aber ist dazu notwendig. Ihre Augen und Ohren öffnen sich nur in der Demut des Herzens und nach der ausgesprochenen Bitte.

Bitten Sie Gott um genaue Anweisungen. Formulieren Sie Ihre Frage präzise. Beten Sie z. B.: »Vater-Mutter-Gott, ich weiß in dem Problem (genaue Bezeichnung) mit . . . (Name) nicht mehr weiter. Ich erkenne die Lösung nicht aus eigener Kraft. Bitte offenbare mir, was ich tun oder sagen soll. Laß mich Deine Stimme deutlich hören oder schick mir ein eindeutiges Zeichen. Ich danke Dir, und ich preise Dich. Amen.«

Sie können in Demut jede Frage stellen. Finden Sie Ihre eigenen Worte. Formulieren Sie die Frage genau und unmißverständlich. Sie werden ganz sicher eine Antwort erhalten. Seien Sie jedoch aufmerksam und bereit. Die Antwort kann in den nächsten Sekunden kommen oder in einigen Tagen oder Wochen. Bitten Sie jeden Tag um eine Antwort auf Ihre Frage, bis das Problem gelöst ist. Überprüfen Sie den Inhalt Ihres Gebets immer wieder auf Genauigkeit. Je genauer die Fragestellung, desto genauer und deutlicher die Antwort.

Die *innere Stimme* hören Sie am Anfang nur in der Stille. Sie können nicht erwarten, daß Sie die innere Stimme im Trubel des Alltags vernehmen können. Ziehen Sie sich zur Meditation zurück. Begeben Sie sich regelmäßig in die Stille. Wie sich die Stimme Gottes in Ihnen anhört, kann Ihnen niemand vorher sagen. Sie müssen hier Ihre eigenen Erfahrungen machen.

Wenn Sie eindeutige Anweisungen erhalten, kommt es im nächsten Schritt auf die Durchführung an. Dabei erweist sich, wieviel Vertrauen Sie Gott bereits schenken. Wenn Er Sie an die Hand nimmt, dann geht es in neue, unbekannte Gefilde, in Regionen, vor denen Sie sich vorher vielleicht geängstigt haben. Aber Gott hat uns die Gabe der Furcht nicht gegeben.

So kann es sein, daß Sie zwar das Wort Gottes vernehmen, aber nicht darauf hören wollen, denn Sein Wort trifft immer den Kern des Problems. Der Kern des Problems sind immer Sie selbst. Es ist Ihr Ego, irgendeine egoistische Einstellung. So kann es z. B. die Lösung sein, selbst zu geben, anstatt zu verlangen, oder die eigenen Fehler zu berichtigen, anstatt sie beim anderen anzuprangern. In anderen Fällen kann die Lösung sein, daß der Untreue treu wird, der Ängstliche ausbricht oder aber sich für immer bindet.

Der göttliche Hinweis ist oft genau das, worauf man selbst nicht kommt, ja wogegen man Widerstände aufgebaut und Ängste kultiviert hat. Gottes eindeutigen Hinweisen zu trauen und sich an Seiner Hand sicher zu fühlen, ist die Lösung. Sie sind nicht alleine.

Gott geht auch den nächsten Schritt mit Ihnen, gerade wenn die Lage unsicher wird. Sie können Ihn immer wieder um Beistand bitten.

Angst vor Verlust hat nur das Ego. Der Gralskönig weiß, daß er sicher in Gott weilt.

Wenn Sie keinen oder den falschen Partner haben, werden Sie den richtigen finden. Wenn Sie bereits den richtigen Partner haben, können Sie ihn behalten und gerade mit ihm glücklich werden. Vertrauen Sie auf Gott, und stellen Sie sich Seinem Plan zur Verfügung. Alles ist für Sie bereitet. Es braucht allerdings Ihre demutsvolle Zustimmung und den Mut, das Notwendige und Richtige auch zu tun.

Haben Sie keine Angst. Durch Angst verlieren Sie Ihren Partner, durch Mut gewinnen Sie ihn – Mut zum richtigen Partner und zur richtigen Form der Beziehung.

Ein *äußeres Zeichen* können Sie zwar jederzeit und an jedem Ort erblicken. Es braucht jedoch Ihre geschärften Sinne. Sie müssen dazu auch alles vergessen, was Sie über Naturwissenschaft und Logik wissen. Logische und naturwissenschaftliche Erklärungen spielen in diesen Bereichen keine Rolle. Ein äußeres Zeichen, das Ihnen Gott als Antwort auf eine Frage schickt, ist ein Wunder. Die Gesetze der Logik sind dabei außer Kraft gesetzt. Ein Wunder richtet sich weder nach der Schwerkraft noch nach Zeit und Raum. Vergessen Sie auch den Zufall.

Ein äußeres Zeichen können Sie deshalb mit dem Verstand nicht verstehen. Sie erfassen es mit der Ganzheit Ihres Wesens, mit Ihrer spontanen Intuition. Die Bedeutung eines äußeren Zeichens fliegt Ihnen, wenn Sie dazu bereit sind, von selbst zu. Sie sind Empfänger der Bedeutung, nicht der Deuter. Es fällt Ihnen wie Schuppen von den Augen. Die Erkenntnis ist plötzlich da, oft blitzartig.

Hier zwei Beispiele für äußere Zeichen. Die Beispiele sind zum Teil vereinfacht, um Ihnen das Prinzip deutlich zu machen:

Erstes Beispiel: Der zerbrochene Ast

Eine Frau hat schon seit längerem Streit mit ihrem Lebensgefährten. Die seit Jahren andauernden Auseinandersetzungen haben sie mutlos gemacht. Sie ist nicht sicher, ob es sich noch lohnt, in der Beziehung auszuhalten, oder ob die Trennung, zu der sie mittlerweile tendiert, die bessere Lösung ist. In einem Seminar für Visionssuche begibt sie sich alleine in die Natur, um in einem äußeren Zeichen eine Antwort auf ihre Frage zu erhalten. Sie bittet Gott, ihr zu offenbaren, ob der Mann der richtige für Sie ist oder ob es besser ist, die Beziehung zu beenden.

Nach vielen Stunden, es geht schon gegen Abend zu, glaubt sie nicht mehr daran, etwas zu finden. Mißgelaunt verläßt sie den Wald und kehrt zum Seminarhaus zurück. Unter einer mächtigen Buche bleibt sie nochmals stehen und hebt gedankenverloren einen dürren Ast auf. Wie von selbst spannen sich ihre Hände um das Stück Holz und brechen es entzwei. Auf der hellen Bruchfläche erkennt sie zwei Ringe, die ineinander verflochten sind, wie Eheringe. Die Frau will zunächst nicht verstehen, was das bedeuten soll, da sie mit ihrem

Lebensgefährten nicht verheiratet ist und auch nach all den Schwierigkeiten nicht an Heirat denkt.

Als sie dem Seminarleiter von den zwei Ringen erzählt, fragt er sie, was ihr erster Gedanke in dem Augenblick gewesen sei, als sie das Zeichen der Ringe erblickt hat. Sie sagte: »Der erste Gedanke war, daß ich meinen Lebensgefährten heiraten soll.« Die Frau nahm diese Erkenntnis, obwohl sie sie in dieser Deutlichkeit zunächst nicht annehmen konnte, zum Anlaß, der Beziehung noch eine Chance zu geben. Sie begab sich mit ihrem Lebensgefährten in eine Familiensystemische Therapie *, die nur ein Wochenende dauerte. Es zeigte sich dabei, daß eine tiefe Liebe zwischen den beiden besteht, daß die Frau aber aus einer familiären Verstrickung heraus zu einer dauerhaften Bindung bisher unfähig war. Nachdem die Verstrickung sich lösen ließ, feierten sie zehn Monate später Hochzeit. Die Frau konnte zum ersten Mal in ihrem Leben aus vollem Herzen »Ja« sagen.

Zweites Beispiel: Das Herz im tiefen Schnee

Das ist mir selbst geschehen: Vor jetzt schon langer Zeit, ich lebte mit meiner Partnerin bereits seit Jahren zusammen, geriet unsere Paarbeziehung in die Krise. Es war schon so weit, daß ich wegen unserer tiefgreifenden Schwierigkeiten nicht mehr zu Hause arbeiten konnte. Sinnigerweise arbeitete ich damals an einem Vortrag über das Thema »Angst«. Ich packte also meinen Rucksack und fuhr für einige Tage auf eine Berghütte im Kleinen Walsertal, um dort ungestört zu arbeiten und um in der Abgeschiedenheit vielleicht Klarheit über meine Beziehung zu gewinnen. Die Lage schien hoffnungslos. Ich trug mich mit Trennungsgedanken.

In der tief verschneiten Hütte war es mir möglich zu arbeiten. Aber die Einsamkeit nahm zu. Mein Herz war gegenüber meiner Partnerin verhärtet. Wo war die Lösung? Es muß wohl die Trennung sein, dachte ich.

---

* Bei der Familiensystemischen Therapie nach Bert Hellinger handelt es sich um eine Behandlungsmethode, die die Verstrickungen des einzelnen in die Schicksale seines Familiensystems aufdeckt und zu lösen sucht (siehe S. 85).

An einem späten Abend ging ich, mit dieser brennenden Frage im Sinn, über den tief verschneiten Friedhof des Dorfes. Meterhoch lag der Schnee auf den Gräbern. Das weiche Licht der Straßenlaternen tauchte die Spitzen der Grabsteine, die alleine aus dem Schnee ragten, in einen matten Schein.

Angerührt von dem Frieden, der auf dem Friedhof ruhte, und gleichzeitig aufgewühlt von Gedanken an die Schicksale all der Menschen, die nun dort begraben lagen, dachte ich: »Wozu nur all das Leid auf dem Weg des Menschen? Warum muß auch ich wieder leiden? Ich habe doch schon genug erlitten. Es muß doch eine Lösung geben. Wenn es Gott gibt, muß er mir doch einen Weg zu Glück und Zufriedenheit weisen können.«

Ich blieb stehen, blickte auf einen Christus am Kreuz und betete, während klirrende Kälte vom sternklaren Firmament herabfiel: »Mein Gott, wo ist die Lösung? Zeig Sie mir! Bitte!« Verzweiflung spürte ich, Hoffnungslosigkeit.

In diesem Moment drehte ich mich um und sah am Grabstein hinter mir eine ganz andere Christusgestalt. Es war ein Christus mit liebevollem Gesicht, der mit seiner linken Hand auf sein großes Herz deutete.

»Laß dein Herz sprechen«, schoß es mir in den Kopf. Obwohl ich damals schon mit äußeren Zeichen vertraut war, wollte ich es aber nicht annehmen. Nein, nach all dem inneren Leiden sollte ich jetzt mein Herz sprechen lassen, das ja immer nur verzeiht. Eindeutig trug meine Freundin die Schuld an den Problemen. Da konnte ich doch nicht einfach verzeihen. Nein, das war zu viel verlangt.

»So einfach geht das nicht, Gott«, sprach ich zu dem Herzenschristus und steigerte mich noch tagelang in meine Einsamkeit und meinen Groll.

Letztendlich war die Vergebung und der liebevolle Neuanfang mit meiner Freundin doch die Lösung. Das äußere Zeichen war eindeutig. Und auch wenn es einige Zeit brauchte, bis ich mich der Lösung fügen konnte, so erinnerte ich mich später, als die Lösung gelang, doch an den Herzenschristus und ließ mich von ihm bestärken.

Die Tat Gottes

Was tun, wenn Sie keine innere Stimme hören und keine äußeren Zeichen erkennen oder sie einfach nicht klar deuten können? In diesem Fall steht Ihnen noch ein weiteres, sehr machtvolles Mittel zur Verfügung: Sie legen alles in Gottes Hände und geben zu, daß Sie selbst machtlos sind und nicht mehr weiterwissen.

Wenn Sie trotz Ihres Bemühens nicht herausfinden, was die Lösung für Ihr Paarproblem ist, dann überlassen Sie das Handeln Gott und warten in Geduld und Vertrauen ab, was geschieht. Er fügt es zum Guten.

Hier kommt es auf Ihr tiefes Vertrauen zum Göttlichen an. Gott bahnt der Lösung den Weg. Urteilen Sie nicht über die verschiedenen Schritte dorthin. Gottes Wege sind manchmal sonderbar und überraschend. Überlassen Sie das Weitere Ihm, indem Sie z. B. beten:

»Vater, ich kann im Moment nicht erkennen, was ich zur Lösung meines Paarproblems (genaue Bezeichnung) beitragen kann. Ich weiß nicht, was ich tun soll. So übergebe ich das Problem ganz Dir, damit Du es löst. Auf Dich vertraue ich. Ich danke Dir für Deine Hilfe. Dein Wille geschehe. Amen.«

Wichtig ist, daß Sie der Problemlösung Gottes nicht im Wege stehen. Treten Sie beiseite, atmen Sie auf, und lassen Sie Gott aus dem Verborgenen wirken. Sie wissen ja, daß Er aktiv ist und sich Ihres Problems annimmt. Beobachten Sie einfach, was geschieht. Behindern Sie die Entwicklung nicht. Haben Sie keine Angst. Oft muß sich die Situation noch verschlimmern, noch zuspitzen, bevor Ihnen die Lösung klar wird.

Seien Sie im geduldigen und vertrauensvollen Abwarten aber darauf vorbereitet, daß sich Gott an einem bestimmten Punkt vielleicht entschließt, Sie in die Entwicklung aktiv einzubeziehen. Dann braucht Er Ihre Hilfe. Dann sind Sie aufgerufen, zu reden oder zu handeln. Die Zeit der Zurückhaltung ist dann vorbei. Seien Sie mutig, und folgen Sie genau den Anweisungen Gottes, auch wenn Sie dafür über sich selbst hinauswachsen müssen. Seien Sie ohne Angst, die ja nur vom Ego stammt.

Wenn Sie also an einem bestimmten Punkt die innere Stimme hören oder Ihnen ein äußeres Zeichen ins Auge springt, nehmen Sie es ernst, und handeln Sie danach. Es wird gelingen. Gott hält Sie.

Idealerweise steht der Mensch ohne Unterlaß in einem ständigen Dialog mit der Gottheit. Sie beten, Gott antwortet. Sie können mit Gott auf Du und Du stehen. Seien Sie sicher, daß Er Sie liebt und liebevoll behandelt. Ihr Ego aber faßt Er hart an. Wenn Sie sich dem Ego verschreiben, baut Gott Mauern vor Ihnen auf. Wenn Sie Ihm die Führung überlassen, macht er den Weg frei. Sie finden den richtigen Partner und vollbringen mit gemeinsamer Freude, was Ihnen in der Partnerschaft zum Wohl aller aufgetragen ist.

Wenden Sie bei jedem Paarproblem das Drei-Schritte-Programm an.

Konkret:

- Gehen Sie jeden Tag in die Stille, um die innere Stimme zu vernehmen. Sie gehen dadurch auf Empfang. Das ist, als ob Sie das Radio anschalten. Wenn Sie das Gerät nicht einschalten, können Sie keine Nachrichten hören.
- Gehen Sie bei wichtigen Entscheidungen zur Visionssuche in die Natur, und finden Sie die Botschaft in äußeren Zeichen.
- Wenn Sie dann noch nicht wissen, was zu tun ist, übergeben Sie das Problem vertrauensvoll Gott. Halten Sie aber weiterhin Augen und Ohren offen.

6. Kapitel

Eltern

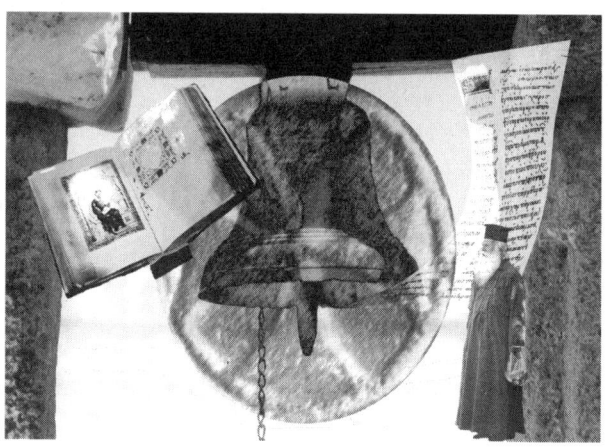

Der Ruf der Glocke

Eltern sind die Menschen, von denen wir abstammen. Sie sind unsere Herkunft. Das Leben kommt von Gott und fließt uns durch die Eltern zu. Sie sind deshalb groß und bedeutend für unser Leben. Wer seine Eltern verachtet, verachtet sich selbst. Wer die Würde der Eltern mißachtet, wird selbst würdelos. Wer jedoch den Eltern innerlich Würde zuerkennt, gewinnt selbst an Würde.

Probleme mit den Eltern können vielschichtig sein und unterschiedliche Ursachen haben. Die Lösung gelingt oft, wenn sich der Blick über den einzelnen hinaus auf das gesamte System der Familie richtet. Die Familiensystemische Therapie nach Bert Hellinger bewirkt hier viel Gutes, indem sie Ordnung und Klarheit in das Familiensystem bringt. Ich empfehle Ihnen auf Grund meiner Erfahrung, sich näher damit zu befassen. Sie werden staunen.

Da es jedoch bereits ausreichende schriftliche Informationen über die Familiensystemische Therapie gibt, verzichte ich darauf, hier näher darauf einzugehen. Ich möchte Ihnen vielmehr mit dem Drei-Schritte-Programm des Gralskönigs eine weitere Möglichkeit an die Hand geben, Probleme oder unklare Situationen mit den Eltern zu lösen.

1. Schritt: Der König bin ich.
Weg mit den Vorwürfen.

Setzen Sie sich auf den Thron, und schauen Sie hinaus auf Ihr Land, in diesem Fall auf Ihre Eltern, den alten König und die alte Königin. Gelassen und in Ruhe sitzen Sie auf dem Thron und betrachten sich Ihre Beziehung zu den leiblichen Eltern, unabhängig davon, ob sie noch leben oder schon gestorben sind. Machen Sie Bestandsaufnahme! Nehmen Sie sich dazu die Zeit, die Sie brauchen, mindestens aber eine Viertelstunde!

Seien Sie sich nun bewußt, daß die bestehende Situation, wie auch immer sie aussehen mag, durch die Macht Ihrer eigenen Gedanken geschaffen wurde. Sie sind der König in Ihrem Leben. Schon dieser erste Punkt ist enorm wichtig. Die meisten scheitern hier, denn sie weisen den Eltern die Schuld an den Schwierigkeiten zu und wollen von dieser Einstellung nicht lassen: »Der Vater war nie zu Hause«, »Mit dem kann man ja nicht reden«, »Der will von mir nichts wissen«, »Die Mutter hat sich zu wenig um mich gekümmert« – so oder ähnlich lauten die Vorwürfe.

Spüren Sie solche Gedanken bei sich auf, und lassen Sie sie sofort fallen. Geben Sie jeden Gedanken an die Schuld der Eltern auf. Diese Gedanken binden Sie nämlich fest an die Probleme. Nehmen Sie vielmehr das Zepter in die Hand, und entziehen Sie diesen Gedanken das königliche Wohlwollen. Lassen Sie sie ins Nichts fallen. Die Macht dazu haben Sie, denn Sie sind der Herr über Ihre Gedanken.

Die fortgeschickten Gedanken werden jedoch zunächst wiederkommen. Zu gewohnt sind sie es, herrenlos umherzuschwirren und sich einzugraben, wo immer es ihnen beliebt. Und zu gewohnt sind Sie es, sich von unkontrollierten, wirklichkeitsfremden Gedanken bestimmen zu lassen. Erkennen Sie diese Gedanken immer wieder aufs neue, und lassen Sie sie ohne Zögern fallen.

Der König schafft Ordnung: »Alles hört auf meinen Befehl!« Unerwünschte Gedanken werden in die Wüste geschickt. Keiner verläßt mehr die Burg ohne den ausdrücklichen Befehl des Königs. Die vorher übermächtigen Minister mit den wohlbekannten Namen »Vorwurf«, »Geringschätzigkeit«, »Schuldzuweisung« und wie sie alle heißen, werden fristlos entlassen. Sie werden verbannt. Zu lange und rücksichtslos haben sie den König durch ihre falschen Einflüsterungen in Ketten gelegt.

Die Ordnung ist wiederhergestellt. Der König weiß, wer er ist, und hat das Zepter ergriffen.

Konkret:

• Sie übernehmen selbst die Verantwortung für die Beziehung zu Ihren Eltern.
• Sie lassen jeden Vorwurf und jede Schuldzuweisung Ihrem Vater oder Ihrer Mutter gegenüber fallen.

Nun sind Sie bereit für den zweiten Schritt.

2. Schritt: Urteil aufgeben. Vergebung. Die Kraft der Würde.

Auch bei der Lösung von Problemen, die Sie mit Ihren Eltern haben, steht Ihnen Gottes Rat und Hilfe zur Verfügung. Der König ist nicht allein. Bevor es Ihnen aber möglich wird, die göttlichen Hilfen anzunehmen, müssen Sie erst Ihre Trennung von Gott rückgängig machen. Die Trennung ist rein gedanklich und besteht in Wirklichkeit nicht. Die gedankliche Abtrennung von Gott ist das Ur-teil, das erste Teilen der Ganzheit. Genau dieses Urteil, das Urteilen überhaupt, müssen Sie aufgeben, wenn Sie eine gute Lösung wollen.

In diesem Fall geht es um das Urteil über Ihre Eltern und über Ihre Beziehung zu ihnen. Geben Sie das Urteil über sie auf, und schauen Sie auf das Ganze. Ihre Erziehung war weder gut noch schlecht. Sie war genau die richtige. Ihr bisheriges Leben – und dazu gehört auch der Teil, den Ihre Eltern beeinflußt haben – ist weder gut noch schlecht. Es war genau das richtige. Es hat Sie an den Punkt geführt, an dem Sie jetzt stehen, und an dem Sie Ihr Leben vollends in die Hand nehmen können. Spielen Sie nicht den Richter, der glaubt, er hätte alles besser machen können. Es war, wie es war. Stimmen Sie Ihren Eltern zu.

Sodann üben Sie aus vollem Herzen Vergebung. Vergeben Sie Ihren Eltern, was auch immer Sie ihnen vorwerfen. Vergeben Sie dem Leben, das Ihnen eine vielleicht unangenehme Kindheit und Jugend bereitet hat. Vergeben Sie auch sich selbst für all die Überheblichkeit, die Anmaßung und die vertanen Gelegenheiten.

Vergeben Sie vor allem auch Gott, daß Er die Welt so eingerichtet hat, wie sie ist. Stimmen Sie Gott und der Welt zu. Sie stimmen dadurch Ihrer Herkunft und auch Ihren Eltern in ihrer Würde als Überbringer des Lebens zu. Das Leben hat göttlichen Ursprung. Sie sind ein Sohn oder eine Tochter Gottes. Sie sind ein Kind Ihres Vaters, der ein Sohn Gottes ist, und Ihrer Mutter, die eine Tochter Gottes ist.

Geben Sie alle Anmaßung und egoistischen Größenwahn auf, der in manchen esoterischen Kreisen grassiert. Es ist nämlich nichts anderes als egoistischer Größenwahn, sich selbst als Kind Gottes zu sehen und den eigenen Eltern dieses Recht abzusprechen. Sie sind nicht besser oder schlechter als Ihre Eltern. Sie sind Ihre Eltern, die in Ihnen zusammenfließen. In Ihnen sind die Kräfte der Eltern vereint. Wahre Erfüllung des Lebens gelingt nur in der Zustimmung zur eigenen Bestimmung, zu allen Kräften der Herkunft, zum eigenen Stamm. Ohne Abstriche, ohne Urteil!

Ihre bisherige Beziehung zu ihren Eltern bildet die Grundlage für Ihr jetziges Leben. Nichts war umsonst. Alles hat seinen Sinn.

Üben Sie mit demütigem Herzen Vergebung. Werden Sie auf diese Weise reif für den dritten Schritt. Werden Sie reif zu erfahren, wo die Lösung für Ihr spezielles Problem mit Ihren Eltern liegt. Vieles wird sich allerdings schon durch den Vollzug des ersten und zweiten Schritts erledigt haben.

Gehen Sie nun zum dritten Schritt über, um Bestärkung und weitere Hilfe zu erfahren.

3. Schritt: Rat und Tat Gottes.
Die Lösung hat freie Bahn.

Jetzt, da Sie die Verantwortung für die Beziehung zu Ihren Eltern selbst übernommen haben, das Urteil über die Vergangenheit und über Ihre Eltern aufgegeben und allen vergeben haben, jetzt kann jedes Problem in diesem Bereich sein Lösung finden. Seien Sie sicher, daß es eine gute Lösung für Ihr Problem gibt, denn Sie sind nicht allein.

Dort, wo der König nicht weiterweiß, besinnt er sich auf Gott und Seinen Beistand.

Der Rat Gottes

Der König zieht sich zum Gebet an einen ruhigen Ort zurück und bittet Gott um Seinen Rat. Wie ist das richtige Verhalten den Königseltern gegenüber? Was sollte der König sagen und tun? Gott spricht zu Ihnen über die *innere Stimme* und über äußere Zeichen. Ihre ernsthafte Bitte ist dazu notwendig. Ihre Augen und Ohren öffnen sich nur in der Demut des Herzens.

Bitten Sie Gott um genaue Anweisungen. Formulieren Sie Ihre Frage präzise. Beten Sie z.B.: »Vater-Mutter-Gott, ich weiß mit diesem Problem (genaue Bezeichnung) mit meinen Eltern nicht mehr weiter. Ich erkenne die Lösung nicht aus eigener Kraft. Bitte offenbare mir, was ich zur Lösung beitragen kann. Laß mich Deine Stimme deutlich hören oder schick mir ein eindeutiges Zeichen. Ich danke Dir, und ich preise Dich. Amen.«

Sie werden ganz sicher eine Antwort erhalten, wenn Sie ehrlichen Herzens bitten. Gehen Sie täglich in die Stille. Dort haben Sie die größten Chancen, Gottes Stimme zu vernehmen. Aber seien Sie auch sonst wachsam und bereit. Der Alltag ist ebenso göttliche Zeit. Wann Er Ihnen Antwort gibt, wissen Sie nicht. Es kann in den nächsten Minuten sein oder in mehreren Tagen. Verlieren Sie Ihre Bitte nicht aus den Augen, stellen Sie sie immer wieder ganz bewußt. So halten Sie Ihre Aufmerksamkeit wach.

Gott bietet Ihnen ein vertrauliches Gespräch an. Nehmen Sie das Angebot an.

Ein *äußeres Zeichen* ist wie seine Deutung ein Geschenk und eine Gnade. Niemand kann ein Gotteszeichen verlangen. Fordern und Verlangen verhindert mit Sicherheit sein Erscheinen.

Ein äußeres Zeichen können Sie zwar jederzeit und an jedem Ort erblicken. Es braucht jedoch Ihre geschärften Sinne. Sie müssen dazu auch alles vergessen, was Sie über Naturwissenschaft und Logik wissen. Logische und naturwissenschaftliche Erklärungen spielen in diesen Bereichen keine Rolle. Ein äußeres Zeichen, das Ihnen von Gott als Antwort auf eine Frage geschickt wird, ist ein Wunder. Die Gesetze der Logik sind dabei außer Kraft gesetzt. Ein Wunder richtet sich weder nach Schwerkraft noch nach Zeit und Raum. Vergessen Sie auch den Zufall.

Ein äußeres Zeichen können Sie deshalb mit dem Verstand nicht verstehen. Sie erfassen es mit der Ganzheit Ihres Wesens, mit Ihrer spontanen Intuition. Die Bedeutung eines äußeren Zeichens fliegt Ihnen, wenn Sie dazu bereit sind, von selbst zu. Sie sind Empfänger der Bedeutung, nicht der Deuter. Es fällt Ihnen wie Schuppen von den Augen. Die Erkenntnis ist plötzlich da, oft blitzartig.

Hier ein weiteres Beispiel für ein äußeres Zeichen:

Beispiel: Der verlorene Sohn

Ein Mann hat sich in jungen Jahren geschworen, sein Vaterhaus nicht mehr zu betreten. Er ließ sich sogar eine geheime Telephonnummer geben, damit ihn seine Eltern nicht mehr erreichen konnten. Im Laufe der Jahre zog er sich auch von den anderen Menschen zurück und lebte einsam auf einem Gehöft. Als ihm die Bürde der Einsamkeit zu schwer wurde und alle Konsultationen bei Psychologen ihn nicht aus seiner Abgeschiedenheit befreien konnten, kam er in die Familiensystemische Therapie. Dabei wurde klar, daß er im Schicksal seinem Großonkel nachfolgte. Der Großonkel, ein Bruder des Großvaters mütterlicherseits, war nämlich nach Peru ausgewandert und lebte dort als Missionar und einziger Weißer bei einem Indianerstamm. Er blieb verschollen. Seine Heimat hat er nie wiedergesehen.

Die Lösung aus diesem Schicksal gelang dem jungen Mann in der Therapie nicht. Zu stark war der Hang zum Leid. Folgende Worte des Therapeuten blieben ihm aber im Gedächtnis haften: »Du bist ein verlorener Sohn. Weißt du, wie man einem verlorenen Sohn helfen kann? Gar nicht! Man muß warten, bis er von alleine nach Hause kommt.«

Später, es waren mehr als zwei Jahre vergangen, bewegten diese Worte zusammen mit einem äußeren Zeichen das Leben des Mannes. In der Zwischenzeit hatte er nämlich durch verschiedene Schriften und innere Erfahrungen zur Demut vor Gott gefunden. Sein Leid an der Einsamkeit hatte noch zugenommen. Er hörte von äußeren Zeichen, und so betete er in der Kirche zu Bad Waldsee, Gott möge ihm den Weg aus seiner Einsamkeit und Weltfremdheit weisen.

Als er aus der Bank trat und mit ruhigem Schritt durchs Kirchenschiff ging, um die Gemälde zu betrachten, fiel ihm eine uralte Bibel auf, die unter einem Glasschaukasten aufgeschlagen lag. Er trat hinzu und las in den offenen Seiten. Dort stand die Geschichte vom verlorenen Sohn. Die Worte des Therapeuten fielen ihm wieder ein. In plötzlichem Erkennen, das ihm in diesem Augenblick von Gott geschenkt wurde, schossen ihm die Tränen aus den Augen. Tiefer Schmerz beklemmte seine Brust, machte aber nach Minuten des schüttelnden Weinens einer ersten Erleichterung Platz.

Drei Tage später trat er ins Haus seiner Eltern, die tief gerührt waren, ihn wiederzusehen. Der Vater saß von einem Schlaganfall schwer gezeichnet im Lehnstuhl. Aber seine Augen leuchteten, als er den schluchzenden Sohn mit dem einzigen Arm, der ihm noch gehorchte, an die Brust drückte.

Dieses anschauliche Beispiel mag Ihnen Mut machen, selbst Erfahrungen mit äußeren Zeichen zu gewinnen. Mit der Zeit bekommt man Übung. Auch die Lösung von kleineren Problemen kann durch äußere Zeichen angeregt werden. Es muß nicht immer weltbewegend sein. Versuchen Sie es einfach.

Die Tat Gottes

Wenn sich die innere Stimme nicht hören läßt und äußere Zeichen sich nicht zeigen, verzagen Sie nicht. Erinnern Sie sich an das machtvolle Mittel, alles in Gottes Hände zu legen. Geben Sie zu, daß Sie nicht mehr weiterwissen, und überlassen Sie das Handeln Gott. Warten Sie in Geduld und Vertrauen ab, was geschieht.

Gott bahnt der Lösung Ihres Problems, das sich in der Beziehung zu den Eltern stellt, den Weg. Wundern Sie sich nicht darüber, was dann geschieht. Urteilen Sie auch nicht darüber. Es sind Schritte hin zur Lösung. Gottes Wege sind manchmal sonderbar und überraschend.

Finden Sie eine vertrauensvolle Haltung im Gebet. Beten Sie z. B. folgendes: »Vater-Mutter-Gott, ich kann im Moment nicht erkennen, was ich zur Lösung des Problems (genaue Bezeichnung) mit meinen Eltern beitragen kann. Ich weiß nicht mehr weiter. So übergebe ich das Problem ganz Dir, damit Du es löst. Auf Dich vertraue ich. Ich danke Dir für Deine Hilfe. Dein Wille geschehe. Amen.« Ein Gebet dieser Art bringt die Dinge ins Rollen. Sie rollen hin zu Freude und Glück.

Wichtig ist, daß Sie der Problemlösung Gottes nicht im Wege stehen. Urteilen Sie deshalb nicht über die Lösung, die sich im Folgenden zeigt, sondern nehmen Sie sie an. Gott weiß es besser. Geben Sie den Worten des Ego kein Macht, denn das Ego will jede Lösung verhindern. Widerstehen Sie den Einflüsterungen des Ego. Dann haben Sie gewonnen. Die Lösung hat freie Bahn.

Es ist aber nun nicht so, daß Sie grundsätzlich die Verantwortung für Ihr Leben abgeben und die anderen Schritte des Gralsprogramms vergessen könnten, denn an gewissen Punkten der Entwicklung braucht Gott vielleicht Ihre Mitarbeit und Ihr aktives Eingreifen. Die innere Stimme und die äußeren Zeichen werden in diesem Fall wieder als Kommunikationsmittel eingesetzt.

Seien Sie deshalb auch in der Gelassenheit und im vertrauenden Abwarten wachsam und bereit. Vertrauen und innere Sicherheit hat nichts mit einer Abstumpfung der Sinne oder falscher Bequemlichkeit zu tun. Die Kunst ist, in innerer Sicherheit, tiefem Gottvertrauen und mit geschärften Sinnen zu beobachten, wie Gott der Lösung den Weg bahnt, aber dann selbst zu handeln, wenn Handeln geboten ist.

Der erste und zweite Schritt bleibt dabei immer die Basis. Nicht mit stumpfen Sinnen gilt es zu leben, sondern mit erhobenem Bewußtsein. Dann spüren Sie stets Ihre Verantwortung. Ver-Antwortung tragen heißt, Gott Antwort zu geben. Wenn der Ruf erschallt »Wo bist Du?«, ist die Antwort: »Hier bin ich, Herr.«

7. Kapitel

Kinder

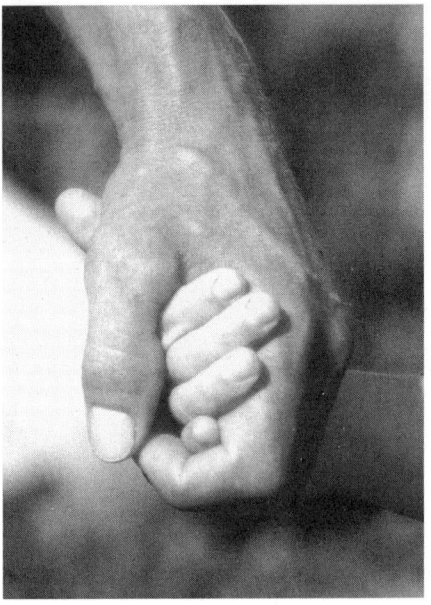

Führung

Kinder sind die Krönung der Liebe. Sie sind ein Segen. Kinder bedeuten auch Aufgabe und Verantwortung. Wenn Kinder in einer Paarbeziehung ausbleiben, ob gewollt oder ungewollt, bedeutet das für die Fülle des Lebens immer einen Verzicht.

Kinder sind gottgewollt, wie auch Sie selbst gottgewollt sind. Kinder gewährleisten die weitere Entwicklung der Menschheit. Ohne sie wären wir Menschen in hundert Jahren ausgestorben.

Kinder gehören zum göttlichen Plan. Sie sind sehr wertvoll und haben dasselbe Recht auf Aufmerksamkeit wie die Berufung, die Paarbeziehung oder sonst ein wichtiger Teil unseres Lebens. Unter Umständen haben sie sogar Vorrang.

Kinder sind die Zukunft. Jedem Kind ist Bestimmung und Berufung mitgegeben, genau wie Ihnen. Die Erziehung Ihrer Kinder ist deshalb enorm wichtig. Überlassen Sie sie nicht allein staatlichen Stellen oder dem Fernseher.

Die besten Erzieher für die Kinder sind die eigenen Eltern. Wenn Sie Kinder haben, ist das keineswegs zufällig. Sie haben dadurch von Gott die Aufgabe erhalten, für kleine Menschen zu sorgen. Das beinhaltet die Sorge um das leibliche, wie auch um das seelische und geistige Wohl. Die Erziehung Ihrer Kinder gehört zu Ihren Berufungen auf dieser Erde. Auch hier steht Ihnen natürlich Gott mit Rat und Tat zur Seite, wenn Sie selbst nicht weiterwissen.

Sie können Ihre Kinder von den schädlichen Einflüssen der Medien nicht vollständig fernhalten. Sie haben aber als Eltern einen nachhaltigen Einfluß auf die Kinder, wenn Sie ihn nur geltend machen.

Die meisten Probleme mit Kindern entstehen durch Eltern, die selbst noch nicht vollständig erwachsen sind und ihre Elternrolle nicht ausfüllen. Die Eltern geben und lehren. Die Kinder nehmen und lernen!

Voraussetzung für eine gute Kindererziehung ist die Ordnung in der Familie. In Familien gibt es grundlegende Ordnungsprinzipien. Sie werden nicht von Menschen aufgestellt, sondern wohnen dem System »Familie« archaisch inne. Wenn sie gewahrt werden, geht es allen gut. Wenn sie mißachtet werden, tauchen Probleme auf. Bert Hellinger hat diese Ordnungen in Familiensystemen erforscht und seine Art der Familiensystemischen Therapie entwickelt, die in den letzten Jahren mit Recht auf großes Interesse stößt. Ich selbst arbeite seit Jahren mit seiner Therapiemethode und habe schon viel Gutes damit erlebt.

Wer sich näher dafür interessiert, dem empfehle ich das Buch »Zweierlei Glück« von Gunthard Weber (vgl. Literaturverzeichnis). Bei chronischen Problemen mit Kindern sollte heutzutage niemand auf die Hilfe der Familiensystemischen Therapie verzichten, die ja meist nur ein Wochenende dauert und die Anwesenheit der Kinder nicht erfordert.

Ich möchte Ihnen mit dem Drei-Schritte-Programm des Gralskönigs eine weitere Möglichkeit an die Hand geben, um Probleme mit Kindern lösen zu können. Nutzen Sie das Programm bei allen auftauchenden Schwierigkeiten. Auch wenn Sie keine Kinder haben, kann dieses Kapitel für Sie wichtig sein.

1. Schritt: Der König bin ich.
Die Kinder haben nie schuld.

In Ihrem Leben, in Ihrem Land regieren Sie selbst. Nehmen Sie das als Wahrheit an, setzen Sie sich auf den Thron, und schauen Sie hinein in Ihre Burg und den Burghof, in diesem Fall auf Ihre Kinder. Gelassen und in Ruhe sitzen Sie auf dem Thron und betrachten die königliche Situation. Haben Sie Kinder oder nicht? Wie geht es den Königskindern? Was fehlt ihnen vielleicht? Schauen Sie sich alles an. Wie erziehen Sie die Kinder?

Machen Sie Bestandsaufnahme. Wie ist es? Wie würden Sie es sich wünschen? Nehmen Sie sich dazu die Zeit, die Sie brauchen, mindestens aber eine Viertelstunde!

Seien Sie sich nun bewußt, daß die bestehende Situation, wie auch immer sie aussehen mag, durch die Macht Ihrer Gedanken geschaffen wurde. Denn Sie sind der König.

Schon dieser erste Punkt ist enorm wichtig. Die meisten scheitern bereits hier, denn sie weisen den anderen, den Kindern oder anderen Menschen, die Schuld an den Schwierigkeiten zu und wollen von dieser Einstellung nicht lassen. Aber gerade das ist notwendig, wenn Sie wirklich verstehen wollen, daß Sie der König sind.

Die Kinder haben nie schuld, auch nicht im geringsten. Die bestehende Situation wurde durch die Macht Ihrer eigenen Gedanken geschaffen. So ist die Welt eingerichtet. Akzeptieren Sie das, sonst gehen Sie an der Wahrheit vorbei.

Seien Sie sich im klaren, daß es Ihre Aufgabe ist, Ihre Kinder als ein

Geschenk Gottes anzunehmen und Ihre Versorgung und Erziehung mit der Kraft all Ihrer Fähigkeiten und all Ihres Wissens zu übernehmen. Es ist eine Aufgabe, die mit Würde erfüllt sein möchte.

So führen alle Gedanken, die diesen Zusammenhang leugnen, von der eigenen Unfähigkeit sprechen oder die Kinder als böse hinstellen, immer zu Problemen. Solche Gedanken sind z. B.: »Ich hätte keine Kinder gebraucht«, »Die Kinder stören mich nur bei meiner eigenen Entfaltung«, »Was soll ich meinen Kindern schon sagen? Ich lasse ihnen ihre Freiheit und habe meine Ruhe«, »Von Gott will doch ein heutiger Jugendlicher nichts mehr wissen«, »Ich kann mich sowieso nicht durchsetzen« usw.

Spüren Sie solche oder ähnliche Gedanken bei sich auf, und entscheiden Sie sich, sie nicht mehr zu denken. Die Macht dazu haben Sie. Sie sind Herr über Ihre Gedanken. Der Verstand und die Gedanken sind Ihnen als Werkzeuge untergeordnet. Das ist die seit jeher bestehende Ordnung. Sie haben die Entscheidungsgewalt darüber, ob Sie einen Gedanken, der Ihnen in den Sinn kommt, weiterdenken oder ob Sie ihn fallen lassen. Der König entscheidet, welche Boten er mit welchen Befehlen ins Land schickt.

Geben Sie die schädlichen, hemmenden Gedanken einfach auf. Allerdings werden sie zunächst wiederkommen, denn zu gewohnt sind Sie es, sich von unkontrollierten Gedanken beherrschen zu lassen. Ihre Aufgabe ist es nun, sie immer wieder aufs neue zu erkennen und dann sofort fallenzulassen. Das bedeutet einige Arbeit. Aber sie ist notwendig und zahlt sich reichlich aus.

Der König schafft zunächst Ordnung: »Alles hört auf meinen Befehl!« Unerwünschte Boten (Gedanken) werden in die Wüste geschickt. Keiner verläßt mehr die Burg ohne den ausdrücklichen Befehl des Königs. Die vorher regierenden Minister mit den bekannten Namen »Angst«, »Kleinheitsglaube«, »Trägheit«, »Egoismus« usw. werden fristlos entlassen, denn sie haben es zu verantworten, daß sich bei den Kindern ein egoistisches, gewaltbetontes Weltbild aufbaut und Jugendliche richtungslos und ohne Führung ins Leben gehen müssen.

Sind die unerwünschten Gedanken fort, so ist die Ordnung wiederhergestellt. Der König weiß, wer er ist. Sie haben die Regentschaft

in der Beziehung zu Ihren Kindern und in der Erziehung übernommen.

Konkret:

- Sie nehmen als König die Aufgabe von Gott an, Ihre Kinder als
  Königskinder zu erziehen, damit sie später als Könige und Köni-
  ginnen in ihrem Reich zum Wohle aller regieren können.
- Sie lassen alle Gedanken fallen, die dieser Aufgabe abträglich sind.

Nun sind Sie bereit für den zweiten Schritt.

2. Schritt: Urteil aufgeben. Vergebung.
Erziehung als Aufgabe.

Welche Lösungen die Probleme mit den Kindern brauchen und wie
ihre Erziehung zu leiten ist, kann der König, wenn er selbst nicht
weiterweiß oder sich unsicher ist, von Gott erfahren. Denn der
König ist nicht allein. Er weiß, daß Gott ihm beisteht und ihn mit Rat
und Tat führt.

Sie sind nicht allein. Die höchste Macht ist immer bei Ihnen. Bevor
Sie aber Gottes Rat und Tat (3. Schritt) sehen und annehmen können, muß erst Ihre Trennung vom Göttlichen rückgängig gemacht
werden. Die Trennung ist rein gedanklich. In Wirklichkeit sind Sie
niemals vom Göttlichen getrennt worden. Die gedankliche Abtrennung von Gott ist das Ur-teil, das erste Teilen der Ganzheit. Genau
dieses Urteil, das Urteilen überhaupt, müssen Sie aufgeben.

In diesem Fall geht es um das Urteil im Lebensbereich »Kinder«.
Wie auch immer Ihre Beziehung zu den Kindern und das Leben der
Kinder bisher war, geben Sie das Urteil darüber auf, und schauen Sie
auf das Ganze.

Die Tatsache, daß Sie vielleicht keine Kinder haben, oder die Art
und Weise, wie sich Ihre Kinder bisher entwickelt haben, ist weder
gut noch schlecht. Auch wie Sie sich bisher den Kindern gegenüber
verhalten haben, ist weder gut noch schlecht. Spielen Sie nicht mehr

den Richter, der die Welt zu beurteilen hat. Es war, wie es war. Stimmen Sie zu, wie sich das Leben mit den Kindern bisher gestaltet hat. Auch wenn Sie bisher keine Kinder haben, stimmen Sie innerlich zu. Geben Sie den Groll auf.

Sodann üben Sie aus vollem Herzen Vergebung. Vergeben Sie ihren Kindern für die Schwierigkeiten, die sie Ihnen vielleicht bereitet haben. Vergeben Sie Ihrem Partner und allen anderen Menschen, wenn sie Ihrer Meinung nach zu den Problemen beigetragen haben.

Vergeben Sie dem Leben, daß es ein hohes Engagement und entschiedenen Einsatz für Ihre Kinder fordert, wenn Glück und Frieden im Hause herrschen sollen. Vergeben Sie auch sich selbst, wenn Sie einem Kind geschadet haben. Vergeben Sie sich alle Fehlentscheidungen, Unzulänglichkeiten und egoistischen Neigungen.

Vergeben Sie vor allem auch Gott, daß Er die Welt so eingerichtet hat, wie sie ist. Stimmen Sie Gott und der Welt zu. Sie stimmen damit auch Ihrer Herkunft und der Herkunft Ihrer Kinder zu. Sie selbst sind ein Sohn oder eine Tochter Gottes. Und so ist auch Ihr Sohn ein Sohn Gottes und Ihre Tochter eine Tochter Gottes. Ihnen gebührt nur das Beste.

Das beste im Hinblick auf das Thema dieses Kapitels ist die vollständige Erfüllung der Aufgaben, die Ihnen durch Ihre Kinder gestellt werden, und das volle Glück, das Ihnen daraus erwächst. Das beste für die Kinder sind Eltern, die ihre Kinder als Geschenke Gottes annehmen und sie in Liebe und Bestimmtheit zu einem königlichen Leben anleiten. Ihre bisherigen Erfahrungen mit Kindern bilden dafür die Grundlage. Nichts war umsonst. Alles hat seinen Sinn.

Wenn Sie aus irgendwelchen Gründen kinderlos bleiben, ist es das beste, wenn Sie einen anderen Beitrag zur Jugend der Welt leisten. Suchen Sie sich das für Sie Richtige heraus. Vielleicht ist es eine regelmäßige Spende an einen Kindergarten oder die aktive Mitarbeit in einer Jugendgruppe. Es gibt hier viele Möglichkeiten!

Üben Sie jedenfalls wahre Vergebung, mit Demut im Herzen. Werden Sie auf diese Weise reif für die Botschaften und Hilfen Gottes, die auch in diesem Bereich auf Sie warten.

Nachdem der König Ordnung in seinem Land geschaffen hat,

kniet er vor Gott nieder und gibt sich seiner Aufgabe hin, Werkzeug Gottes auf Erden zu sein. Des Königs Ohren öffnen sich für die göttlichen Eingebungen. Plötzlich sehen und verstehen seine Augen die göttlichen Zeichen, und sein Herz bittet in Demut um Hilfe.

3. Schritt: Rat und Tat Gottes. Der Blick in die Zukunft.

Nachdem Sie Ihre Beziehung zu den Kindern mit Abstand betrachtet haben, die Gedanken, die in diesem Bereich zu Schwierigkeiten führen, erkannt und fallen gelassen haben, das Urteil über die Vergangenheit aufgegeben und allen vergeben haben, stellt sich jetzt die Frage nach der richtigen Beziehung zu den Kindern und der richtigen Erziehung.

Versuchen Sie auch hier nicht, alle Fragen gleichzeitig zu beantworten. Entwickeln Sie kein theoretisches Erziehungsmodell. Theoretische Modelle sind immer vom Verstand aufgestellt, also von Unwissen geprägt. Sie sind niemals umfassend. Umfassend aber ist die Weisheit Gottes, die immer für den Augenblick die richtige Lösung bringt.

Kümmern Sie sich weder um die Probleme der Vergangenheit, noch um die möglichen Probleme in der Zukunft. Widmen Sie Ihre Kraft der Lösung des aktuellen Problems.

Dort, wo der König alleine nicht weiterweiß, besinnt er sich auf Gott und Seinen Beistand. Der Augenblick, die Gegenwart, stellt die Fragen. Im Augenblick offenbart sich auch der göttliche Rat.

Der Rat Gottes

Der König zieht sich im Gebet an einen ruhigen Ort zurück und bittet Gott um Seinen Rat. Sie wissen bereits, daß Gott zu Ihnen über die innere Stimme und über äußere Zeichen spricht. Ihre Bitte aber ist dazu notwendig. Ihre Ohren und Augen öffnen sich nur in der Demut des Herzens und nach der ausgesprochenen Bitte. Bitten Sie den Allmächtigen um genaue Anweisungen. Formulieren Sie Ihre

Frage präzise. Beten Sie z. B.: »Vater-Mutter-Gott, ich weiß im Moment mit dem Problem (genaue Bezeichnung) mit meinem Kind (Name) nicht mehr weiter. Ich kann die Lösung, das rechte Vorgehen nicht aus eigener Kraft erkennen. Bitte sage mir, was das Richtige in der jetzigen Situation ist. Laß mich Deine Stimme deutlich hören oder schick mir ein eindeutiges Zeichen. Bitte hilf mir und meinen Kindern. Ich danke Dir. Dein Wille geschehe. Amen.«

Wenn Sie so oder ähnlich beten, können Sie getrost die Antwort erwarten. Finden Sie im Gebet Ihre eigenen Worte. Achten Sie aber auf den unmißverständlichen Ausdruck Ihres Anliegens.

Seien Sie jedoch aufmerksam und bereit. Die Antwort kann in den nächsten Sekunden kommen oder in einigen Tagen oder Wochen. Bitten Sie jeden Tag um die Antwort auf Ihre Frage, und schärfen Sie so Ihre Aufmerksamkeit.

Die *innere Stimme* hören Sie am Anfang nur in der Stille. Sie können nicht erwarten, daß Sie als Anfänger auf diesem Gebiet die innere Stimme im Trubel des Alltags vernehmen können. Ziehen Sie sich zur Meditation zurück, begeben Sie sich regelmäßig in die Stille.

Viele berichten, daß Sie die Stimme Gottes in sich als tiefe Stimme vernehmen, die aus der Mitte ihrer Brust tönt. Es kann bei Ihnen jedoch auch anders sein. Hier müssen Sie Ihre eigenen Erfahrungen machen.

Ein *äußeres Zeichen* können Sie zwar jederzeit und an jedem Ort erblicken. Es braucht jedoch Ihre geschärften Sinne. Sie müssen dazu auch alles vergessen, was Sie über Naturwissenschaft und Logik wissen. Logische und naturwissenschaftliche Erklärungen spielen in diesem Bereich keine Rolle. Ein äußeres Zeichen, das Ihnen von Gott als Antwort auf eine Frage geschickt wird, ist ein Wunder. Die Gesetze der Logik sind dabei außer Kraft gesetzt. Ein Wunder richtet sich weder nach der Schwerkraft, noch nach Zeit und Raum. Vergessen Sie auch den Zufall.

Ein äußeres Zeichen können Sie deshalb mit dem Verstand nicht verstehen. Sie erfassen es mit der Ganzheit Ihres Wesens, mit Ihrer spontanen Intuition. Die Bedeutung eines äußeren Zeichens fliegt Ihnen, wenn Sie dazu bereit sind, von selbst zu. Sie sind Empfänger der Bedeutung, nicht der Deuter. Es fällt Ihnen wie Schuppen von den Augen. Die Erkenntnis ist plötzlich da, oft blitzartig. Hier ein Beispiel für ein äußeres Zeichen:

Beispiel: Das römische Gemälde

Ein Vater wollte seinem siebenjährigen Sohn ein echter Kumpel sein. Er stellte sich vor, daß es für den Sohn gut sei, wenn er ihn quasi als gleichberechtigten Freund behandelte. Wenn er etwas mit seinem Sohn unternehmen wollte, versuchte er mit ihm zu diskutieren und ihn mitentscheiden zu lassen, wie man es mit einem gleichaltrigen Freund macht. Aber der Sohn reagierte unwillig, schaute den Vater grimmig an und wollte mit ihm nichts unternehmen. Manchmal bekam der Sohn einen Wutanfall, legte sich auf den Boden und schlug mit allen Vieren um sich. Monatelang ging das so, und obwohl es der Vater gut meinte, wollte sich die Beziehung zu seinem Sohn nicht bessern.

Auf einer Romreise las der Mann zum ersten Mal über die äußeren Zeichen. Er ließ den Sohn bei seiner Frau im Hotel, bat im Gebet um ein äußeres Zeichen zur Lösung seines Problems und machte sich in der ewigen Stadt auf Visionssuche. Er plante sechs Stunden Zeit dafür ein. Aber schon, als er aus der Kirchenbank trat – er hatte sein Gebet nämlich in einer alten Kirche gesprochen –, fiel sein Blick auf ein riesiges Gemälde. Auf dem rechten unteren Abschnitt des Gemäldes war ein bärtiger Mann mittleren Alters dargestellt, der einen kleinen Jungen an der Hand führte. Der Junge blickte mit bewundernden Augen zu dem Mann auf, der offensichtlich sein Vater war. Der Vater blickte herunter und führte, der Sohn blickte hinauf und ließ sich führen. Der Mann stand vor dem Gemälde und verstand die Botschaft: Vater sein heißt, die Führung zu übernehmen.

Obwohl diese Erkenntnis klar in seinem Geist stand, dehnte der Mann die Visionssuche auf die geplanten sechs Stunden aus, weil er nicht glauben konnte, daß ihm das erbetene äußere Zeichen schon wenige Sekunden nach dem Abschluß des Bittgebets geschenkt wurde. Er ging durch endlose Straßen, saß lange in einem Park, besuchte eine Bildergalerie und das Kolosseum. Aber ein weiteres

Zeichen, mit dem sich ein Bezug zu seiner Frage hätte herstellen lassen, zeigte sich nicht mehr.

So begab sich der Mann gegen Abend nochmals in die Kirche vor das Gemälde und ließ sich in der gewonnenen Erkenntnis bestärken.

Am nächsten Tag schon war das Verhältnis zu seinem Sohn entspannt, ohne daß Weiteres geschehen wäre. Von nun an behandelte der Vater den Sohn als Sohn. Er machte keine Vorschläge mehr. Er sagte: »Heute, mein Sohn, muß ich dir etwas Besonderes in dieser berühmten Stadt Rom zeigen, etwas, das du noch nie gesehen hast.«

»Was ist das?« fragte der Kleine und blickte seinen Vater aufmerksam an. »Das ist mein Geheimnis«, antwortete der Vater und nahm seinen Sohn an die Hand. Der Vater hatte seine Vaterrolle übernommen.

Dieses Beispiel mag Sie bestärken, Ihre eigenen Erfahrungen mit äußeren Zeichen zu machen. Es soll jedoch kein Vorbild sein, denn Gott spricht zu Ihnen auf eine ganz eigene Weise. Sie sind ein einzigartiger Mensch, und Ihre Kinder sind es auch. Jede Situation braucht eine eigene Antwort. Die für Sie bestimmten Zeichen sind speziell für Sie gestaltet. Auch können nur Sie selbst die Deutung empfangen.

Die Tat Gottes

Wenn Sie keine innere Stimme hören und keine äußeren Zeichen erkennen, legen Sie alles in Gottes Hände, und geben Sie zu, daß Sie alleine nicht mehr weiterwissen. Gott fügt alles zum Guten. Hier kommt es auf Ihr tiefes Vertrauen zu Gott an. Er bahnt der Lösung Ihres Familienproblems den Weg. Urteilen Sie nicht über die Schritte der Lösung, die sich im weiteren ergeben. Die Wege des Allmächtigen sind manchmal sonderbar und überraschend. Schauen Sie mit der Würde dessen, der sich mit Gott in Verbindung weiß, zu, wie Er aus dem Verborgenen wirkt. Beobachten Sie, was geschieht, und sagen Sie immer wieder Dank.

Seien Sie im geduldigen Abwarten aber auch bereit, Botschaften aufzunehmen, die von Ihnen aktives Eingreifen in das Geschehen fordern. Mit dem Ertönen der inneren Stimme oder dem Auftauchen eines äußeren Zeichens sind Sie wieder am Zug.

Wenn Sie vergessen, daß Sie der Maßgebende sind, daß Sie der König sind, muß der erste Schritt nochmals vollzogen werden. Falls Sie noch urteilen, noch nicht vollständig vergeben haben, gehen Sie zum zweiten Schritt zurück und vollziehen ihn vollständig. Die drei Schritte bauen aufeinander auf!

An dieser Stelle möchte ich Ihnen eine Begebenheit erzählen, die trefflich veranschaulicht, was mit der Tat Gottes gemeint ist:

Die beiden Kinder einer Familie waren schon im Pubertätsalter, als sie, wie so oft, aus einer Neckerei in Streit gerieten. Normalerweise war der Vater bei so etwas die Ruhe selbst. An diesem Tag aber war er wegen einer anderen Sache innerlich überreizt und brummte seinem Sohn, den er für den Schuldigen hielt, eine Strafe auf. Dieser wollte sich das aber nicht gefallen lassen und schrie seinen Vater an. Der brüllte zurück, daß er ihn, seinen Vater, nicht anschreien dürfe. Es kam zu einer lautstarken Auseinandersetzung, in der alles an Lautstärke eingesetzt wurde, was ihre Stimmen hergaben. Der Streit endete vorerst mit einem Hausarrest für den Sohn, an den sich dieser aber nicht hielt.

Der Vater saß in seinem Arbeitszimmer, kochte vor Wut und war innerlich vollkommen aufgebracht. Er wußte nicht einmal genau, warum das alles passiert war. Eine Woge der Aggression hatte ihn und seinen Sohn überrollt.

Er betete zu Gott, begann mit Ihm zu hadern und fragte Ihn, was das nun wieder solle. Irgendwie war er im Kern getroffen, zitternd vor Aufregung. Er brachte es aber noch fertig, einige Minuten still zu sitzen und sich an das Drei-Schritte-Programm zu erinnern, das er kurz zuvor in meiner Praxis kennengelernt hatte.

Er vollzog den ersten Schritt: Ich bin der König. Er setzte sich auf den Thron und übernahm die Verantwortung für die Situation. Im zweiten Schritt gab er das Urteil über das, was geschehen war, auf und zog die Schuld von seinem Sohn ab. Die Verzweiflung jedoch blieb.

Im dritten Schritt war ihm sofort klar, daß er in seiner momentanen Verfassung weder die Ruhe zum Vernehmen der inneren Stimme, noch die Weisheit zur Deutung eines äußeren Zeichens hatte. Er fühlte sich machtlos, gleichzeitig erfüllt von zerstörerischer Wut.

So ging er ohne Zögern zum Punkt »Tat Gottes« über und betete: »Vater, ich weiß nicht, warum dieses Problem sein muß und warum es mich so tief berührt. Aber das eine weiß ich: Ich bin machtlos und habe keine Ahnung, wo die Lösung liegt. Ich weiß auch, daß die Zeit drängt, denn dieser Zustand ist nicht lange auszuhalten. Ich übergebe es deshalb Dir, Vater. Löse Du das Problem und löse es bitte bald. Danke. Amen.«

Das »Dein Wille geschehe« ließ er in diesem Fall weg, weil er sich nicht vorstellen konnte, daß die zerstörerische Wut, die in ihm kochte, Gottes Wille sein konnte.

Durch das Gebet wurde er ein wenig ruhiger. Er hatte es Gott übergeben, das Problem zu lösen, und – das Wichtige – er war entschlossen, der Lösung Gottes nicht im Wege zu stehen. Was auch immer die Lösung sein sollte, er wollte sie aus Gottes Händen annehmen.

Wenig später kam seine Frau nach Hause und half ihm mit einem ruhigen Gespräch, während er selbst dasaß wie ein verstockter Junge. Durch das Gespräch wurde ihm klar, daß die überschießende Aggression seinem Sohn gegenüber von anderen Schwierigkeiten herrührte, die mit seinem Jungen nichts zu tun hatten. Diese Erkenntnis brach sich in einem Augenblick Bahn, und er sagte: »Mit ihm hat es nichts zu tun.« Während er das sagte, spürte er den Seufzer der Erleichterung.

Die innere Aufwallung ebbte ab und machte einer freudigen Ruhe Platz. Er wußte, was er zu tun hatte. Den Hausarrest hob er auf und sprach mit seinem Sohn. Seine Einsicht gab ihm die nötige Ruhe dazu. Das Gespräch führte zu Erleichterung auf beiden Seiten. Der Mann fühlte sich dabei stark und sicher und behielt im Gespräch seine Würde als Vater. Auch der nächste Tag zeigte, daß die Lösung nachhaltig war. Der Sohn war, nach seinen Worten, »besonders gut drauf«. Er meinte, das müsse damit zusammenhängen, daß er gut geschlafen habe. Der Vater pries Gott und dankte Ihm für Seine Hilfe.

8. Kapitel

Geschwister

Geschwister

Der einzelne fühlt sich ganz und vollständig, wenn er zu allen seinen Familienmitgliedern ein herzliches, ungetrübtes Verhältnis hat. Das Verhältnis zu den Geschwistern ist daher sehr wichtig. Ihnen ist dieses Kapitel gewidmet. Zu den Geschwistern gehören alle Vollgeschwister (gleicher Vater, gleiche Mutter) und alle Halbgeschwister (gleicher Vater, aber andere Mutter, oder gleiche Mutter, aber anderer Vater).

Wenn man die Geschwister im Herzen trägt, ist es gut, und man ist frei von Belastungen aus diesem Bereich. Deshalb ist es auch segensreich, von der Existenz von Halbgeschwistern, die manchmal verheimlicht werden, zu erfahren, denn dann kann man sie bewußt ins Herz schließen. Auch hier geht es um die bewußte innere Einstellung.

Wenn jemand seinen Bruder oder seine Schwester – wegen eines Erbstreites vielleicht oder aus anderen Gründen – aus dem Herzen nimmt und mit Gleichgültigkeit oder sogar Widerwillen an ihn oder sie denkt, dann trägt er eine große Last durchs Leben. Ein zerstrittenes Verhältnis zu Bruder oder Schwester wirkt in der Seele als Störung. Ermessen kann das nur derjenige, der eine gestörte Beziehung wieder in Ordnung gebracht hat, denn dann spürt er, wie es ist, wenn die Last abfällt.

Wenn Sie Probleme mit Ihren Geschwistern haben, wenden Sie auch auf diesen Lebensbereich das Gralsprogramm der drei Schritte an.

1. Schritt: Der König bin ich.
Die Macht der eigenen Gedanken.

In Ihrem Leben, in Ihrem Land regieren Sie selbst. Nehmen Sie diese Wahrheit an, setzen Sie sich auf den Thron, und schauen Sie hinaus auf Ihr Land, in diesem Fall auf die Beziehung zu Ihren Geschwistern. Gelassen und in Ruhe sitzen Sie auf dem Thron und sehen sich an, wie Ihr Verhältnis zu den Geschwistern ist, was Sie über sie denken, wann Sie sie zum letzten Mal gesehen haben usw.

Machen Sie Bestandsaufnahme. Nehmen Sie sich dazu die Zeit, die Sie brauchen, mindestens aber eine Viertelstunde!

Seien Sie sich nun bewußt, daß die bestehende Situation, wie auch immer sie aussehen mag, durch die Macht Ihrer eigenen Gedanken geschaffen wurde. Sie sind der König.

Schon dieser erste Punkt ist enorm wichtig. Die meisten scheitern bereits hier, denn sie weisen den Geschwistern die Schuld an den Schwierigkeiten zu und wollen von dieser Einstellung nicht lassen.

Aber gerade das ist notwendig, wenn Sie wirklich verstehen wollen, daß Sie der König, der unumschränkte Herrscher, in Ihrem Leben sind. Die Geschwister sind nie schuld, auch nicht im geringsten. Die bestehende Situation wurde durch die Macht Ihrer eigenen Gedanken geschaffen. So ist die Welt eingerichtet. Verstehen Sie das, sonst lösen Sie keines Ihrer Probleme auf Dauer.

Die Gedanken sind die Boten, die Sie ins Land hinausschicken. Die Befehle, die sie mit sich tragen, werden auf jeden Fall befolgt, was auch immer ihr Inhalt ist.

Meist sind es Gedanken der Konkurrenz und der Geringschätzung, die Probleme zwischen Geschwistern hervorrufen und aufrecht erhalten, wie z. B.: »Der Bruder ist immer bevorzugt worden«, »Die Schwester wurde mehr geliebt«, »Der Halbbruder gehört nicht zu uns« usw.

Spüren Sie solche Gedanken bei sich auf, und entscheiden Sie sich, sie nicht mehr zu denken. Die Macht dazu haben Sie. Sie sind Herr über Ihre Gedanken. Der Verstand und die Gedanken sind Ihnen als Werkzeuge untergeordnet. Das ist die seit jeher bestehende Ordnung. Sie haben die Entscheidungsgewalt darüber, ob Sie einen Gedanken, der Ihnen in den Sinn kommt, weiterdenken oder ob Sie ihn fallen lassen. Der König entscheidet, welche Boten er mit welchen Befehlen ins Land schickt.

Geben Sie die beziehungshemmenden Gedanken einfach auf. Allerdings werden sie zunächst wiederkommen. Zu gewohnt sind sie es, frei umherschweifen zu können, und zu gewohnt sind Sie an diese Gedanken, die Sie seit Ihrer Kindheit in sich tragen, ja sogar pflegen.

Ihre Aufgabe ist es nun, sie immer wieder aufs neue zu erkennen, sobald sie auftauchen, und sie dann sofort fallen zu lassen. Das bedeutet konzentrierte Arbeit. Aber sie ist zur Lösung notwendig.

Der König schafft Ordnung: »Alles hört auf meinen Befehl!« Unerwünschte Boten (Gedanken) werden als Ursache des Übels erkannt und in die Wüste geschickt. Keiner verläßt mehr die Burg ohne den ausdrücklichen Befehl des Königs. Die vorher übermächtigen Minister mit den bekannten Namen »Neid«, »Mißgunst«, »Überheblichkeit« und »Hochnäsigkeit« werden fristlos entlassen. Sie werden begraben – und mit ihnen der Streit, den sie so lange geschürt haben.

Die Ordnung ist wiederhergestellt. Der König weiß, wer er ist, und hat das Zepter ergriffen.

Konkret:

- Sie übernehmen selbst die Verantwortung für Ihre Beziehung zu den Geschwistern.
- Sie lassen jeden Gedanken der Geringschätzung, des Neides, der Überheblichkeit usw. fallen.

Nun sind Sie bereit für den zweiten Schritt.

2. Schritt: Urteil aufgeben. Vergebung. Die Geschwister im Herzen tragen.

Die Voraussetzungen für die Lösung Ihrer Probleme mit den Geschwistern sind nun geschaffen. Wenn Sie unsicher sind, wie die Lösung aussieht und was Sie dazu beitragen können, steht Ihnen Gott mit Rat und Tat zur Seite. Bevor Sie aber Seinen Rat und Seine Tat (3. Schritt) annehmen können, muß erst Ihre Trennung von Gott rückgängig gemacht werden. Die Trennung ist rein gedanklich. In Wirklichkeit sind Sie niemals von Gott getrennt worden. Die gedankliche Abtrennung von Gott ist das Ur-teil, das erste Teilen der Ganzheit. Genau dieses Urteil, das Urteilen überhaupt, müssen Sie aufgeben.

In diesem Fall geht es um das Urteil über Ihre Geschwister und über Ihre Beziehung zu ihnen. Geben Sie das Urteil auf, und schauen Sie aufs Ganze. Ihre Geschwister gehören genauso zur Familie wie Sie selbst. Ihre Geschwister sind weder gut noch schlecht. Sie sind, wie sie sind, nämlich genau richtig. Spielen Sie nicht mehr den Richter über Ihre Geschwister. Werfen Sie nicht den ersten Stein. Ihre bisherige Beziehung zu ihnen war, wie sie war. Stimmen Sie zu, wie sich die Beziehung bisher gestaltet hat.

Üben Sie aus vollem Herzen Vergebung. Vergeben Sie Ihren Geschwistern, was auch immer sie Ihrer Meinung nach zum Problem beigetragen haben. Vergeben Sie ihnen alles, restlos. Die Geschwister sind Ihnen mitgegeben worden in diese Welt, damit Sie sie im Herzen tragen. Vergeben Sie sich selbst für alles Unrecht und alle negativen Gedanken.

Vergeben Sie vor allem, und das ist sehr wichtig, vergeben Sie auch Gott, daß Er die Welt so eingerichtet hat, wie sie ist. Stimmen Sie Gott und der Welt zu. Sie stimmen damit auch Ihrer Herkunft und der Herkunft Ihrer Geschwister zu. Sie sind ein Sohn oder eine Tochter Gottes. Auch Ihr Bruder ist ein Sohn Gottes und Ihre Schwester eine Tochter Gottes. Wenn Sie das wissen, hat Abwertung keinen Platz mehr. Gegenseitige Achtung wird zum tragenden Prinzip der Beziehung zwischen Ihnen und Ihren Geschwistern.

Auf dem Weg dazu bildet Ihre bisherige Beziehung zu den Geschwistern die Grundlage. Was auch immer war, nichts geschah umsonst. Alles hat seinen Sinn.

Üben Sie wahre Vergebung mit Demut im Herzen. Werden Sie auf diese Weise reif für den dritten Schritt. Werden Sie reif zu erfahren, was Sie konkret für die Beziehung zu Ihren Geschwistern tun können. Wenn Sie es schon wissen, um so besser. Wenn nicht, gehen Sie zum dritten Schritt über.

Nachdem der König Ordnung in seinem Land geschaffen hat, kniet er vor Gott nieder und bittet um die Weisheit, die ihm den richtigen Umgang mit den Königsgeschwistern öffnet. Des Königs Ohren hören die göttlichen Eingebungen, plötzlich sehen seine Augen Gottes Zeichen, sein Herz versteht, und seine Worte bitten in Demut um Gottes Hilfe. Jetzt ist die Zeit reif für den dritten Schritt.

3. Schritt: Rat und Tat Gottes.
Die Antwort ist immer einfach.

Jetzt, da Sie Ihre Beziehung zu Bruder und Schwester mit Abstand betrachtet haben, die schädlichen Gedanken erkannt und fallen gelassen haben, das Urteil über Ihre Geschwister aufgegeben und allen vergeben haben, jetzt stellt sich die Frage: Gibt es etwas, das Sie darüber hinaus für die Beziehung zu ihnen tun können? Was gilt es zu tun, welche Gedanken zu denken?

Welche Boten soll der König ins Land schicken? Dort, wo der König nicht weiterweiß, besinnt er sich auf Gott und Seinen Beistand. Sie sind nicht alleine. Sie brauchen die Antworten auf die Fragen des Lebens nicht alleine zu finden. Öffnen Sie sich für die Weisheit Gottes.

Der Rat Gottes

Der König zieht sich zum Gebet an einen ruhigen Ort zurück und bittet Gott um Seinen Rat. Gott spricht zu Ihnen über die innere Stimme und die äußeren Zeichen. Bitten Sie Ihn um genaue Anweisungen. Formulieren Sie Ihre Frage präzise. Beten Sie z. B.: »Vater-Mutter-Gott, ich weiß nicht, wie ich mit dem Problem (genaue Bezeichnung) mit meinem Bruder/meiner Schwester umgehen soll. Bitte offenbare mir die richtigen Gedanken. Zeig mir, was ich tun soll. Laß mich Deine Stimme deutlich hören oder schick mir ein eindeutiges Zeichen. Ich danke Dir und preise Dich. Dein Wille geschehe. Amen.«

Finden Sie im Gebet Ihre eigenen Worte. Je präziser Sie die Frage stellen, desto präziser wird die Antwort ausfallen.

Die *innere Stimme* hören Sie in der Stille Ihres Herzens. Seien Sie aufmerksam und bereit. Die Antwort kann in den nächsten Minuten, Tagen oder Wochen erscheinen. Stellen Sie Ihre Frage in der täglichen Meditation. Vielleicht verändert sich die Frage im Laufe der Zeit und wird präziser.

Es bedarf aufmerksamer Demut. Damit stellen Sie sich ein wie einen Radioempfänger. Nach einiger Übung können Sie sich sogar mit der höchsten Macht unterhalten. Sie stellen eine Frage, die Antwort kommt noch im selben Atemzug, kurz und prägnant, ohne Umschweife.

Als mir das zum ersten Mal geschehen ist, war mir das zu schnell. So einfach kann es doch nicht sein, dachte ich. Ich traute zunächst den Worten nicht, die ich innerlich vernahm. Sie kamen wirklich im selben Atemzug, kaum, daß ich meine Frage ausgesprochen hatte, noch bevor ich mir Gedanken über eine Antwort machen konnte. Gott sei Dank! Denn sobald ich zu denken anfing, gab es immer mehrere Möglichkeiten, und die Entscheidung, welche die richtige ist, war unmöglich. Die Worte, die ich mit der Zeit als meine innere Stimme erkannte, kamen vor den Gedanken. Mein Verstand war noch mit der Frage beschäftigt, und schon hörte ich die Antwort.

Die Antwort ist immer einfach und bestimmt – zu einfach manchmal, um ihr gleich Glauben schenken zu können. Unser an Kompliziertheit gewöhntes Gehirn kann mit der Kraft der Einfachheit nichts anfangen. Da bleibt nur noch, mit dem Herzen zu hören.

Zum Beispiel fragte ich einmal Gott: »Wie soll ich mich meiner Schwester gegenüber verhalten?« «Liebe sie«, kam sofort, noch im selben Ausatmen. »Ist das alles?« fragte ich zunächst. Aber dann tat ich es. Ich nahm meine Schwester bewußt in mein Herz, wo immer sie auch war, was immer sie auch tat. Das war das Kräftigste, was ich tun konnte. Ich fühlte mich plötzlich froh und bereichert, gleichzeitig leicht. Ich erwartete nichts von ihr. Es reichte, daß sie meine Schwester war. Mein Hinzutun, das aktive Aufnehmen meiner Schwester in mein Herz, war das Wesentliche. Ich wußte in diesem Augenblick, daß sie davon etwas spürte. Alles Weitere sollte sich ergeben. – Das war ein Beispiel aus meinem Leben. Wie es aber bei Ihnen sein wird, können Sie vorher nicht wissen. Hier müssen Sie Ihre eigenen Erfahrungen machen.

Über die *äußeren Zeichen,* die Ihnen auch hier, wie in allen anderen Bereichen, Botschaften vermitteln können, haben Sie bereits einiges erfahren. Ich hoffe, Sie waren bereits auf einer kleinen Visionssuche. Wenn nicht, möchte ich Sie nochmals dazu ermutigen.

Lassen Sie Ihr Wissen über Naturwissenschaft und Logik beiseite, und glauben Sie an Wunder. Die ganze Welt ist ein Wunder. Sie selbst sind ein Wunder. Äußere Zeichen sind ein Wunder. Bitten Sie darum, und machen Sie die Augen auf, sehen Sie mit dem Herzen, schauen Sie hinter die Dinge. Alles kann ein äußeres Zeichen für Sie tragen: Wolken, Holz, eine Mauer, eine Buchstelle, sogar eine glattpolierte, spiegelnde Fläche.

Erfassen Sie ein äußeres Zeichen mit Ihrer Intuition. Intuitiv sein ist, Ihr gesamtes Sein, Ihren Geist zu einer Schale zu formen, die empfängt. Plötzlich fühlen Sie, ja sehen Sie den Inhalt. Die Bedeutung des äußeren Zeichens fliegt Ihnen zu. Sie haben gerufen und Antwort erhalten.

Mit zunehmender Übung werden Sie bemerken, daß sich die äußeren Zeichen oft mit der inneren Stimme verbinden. Es sind ja nur in unserem Denken zwei verschiedene Dinge. Manchmal bittet man um ein klares Wort und erfährt ein äußeres Zeichen und umgekehrt. Dazu ein Beispiel:

Beispiel: Der junge Apfelbaum

Vor einiger Zeit stand ich im Garten des Glückshofs und fragte mich, warum sich mein Seminar »Ohne Erde kein Himmel« nicht füllen wollte. Vielleicht hatte ich etwas Wesentliches in der Vorbereitung übersehen. Ich wußte nicht weiter. So bat ich Gott, mir in klaren Worten zu sagen, was ich tun konnte, damit sich mehr Menschen zu diesem Seminar anmelden.

Während ich im Garten stand und mich auf die innere Stimme konzentrierte, begann es mich nach hinten zu ziehen. Da ich keine Worte vernahm, gab ich dem körperlichen Zug nach hinten nach. Ohne mich umzublicken, ging ich langsam Schritt für Schritt zurück und tastete mit beiden Händen nach hinten. Nach einigen Metern fanden meine Hände eine jungen Apfelbaum.

Nun drehte ich mich um, besah und befühlte das Bäumchen. In diesem Moment hörte ich die innere Stimme: »Was kannst Du dazu beitragen, daß dieses Bäumchen schneller wächst und Früchte bringt? Nichts! Du kannst es nur hegen und pflegen und in Geduld abwarten.« »Ja«, verstand ich, »Du, Vater, bist der Herr des Lebens. Du rufst ins Leben. Du läßt gedeihen und wachsen. Nicht ich.«

Hier hatte ich also die Antwort. Das Seminar war noch sehr jung, ein kleines Bäumchen erst. Gott würde es nach Seinem Zeitplan sprießen lassen. Ein Mensch kann nicht an den Zweigen eines Baumes ziehen und sie dadurch zum schnelleren Wachsen bringen.

Gott ist der Herr des Lebens, nicht der Mensch. Ich konnte also nur Hegen und Pflegen. Aber in welcher Form und welcher Geschwindigkeit das Seminar wachsen würde, stand nicht in meiner Macht. Diese Erkenntnis erleichterte und beruhigte mich auf der Stelle.

Die Tat Gottes

Wenn Ihnen der Rat Gottes über die innere Stimme oder über die äußeren Zeichen nicht zugänglich ist, erinnern Sie sich an das machtvolle Mittel, Gott die ganze Sache zu übergeben. Ihre Leistung ist dabei das demütige, vertrauensvolle Gebet. Wenn Sie nicht mehr weiterwissen, übernehmen Sie trotzdem die Verantwortung für das Problem, indem Sie es Gott übergeben, damit Er es löst. Beten Sie z. B.:

»Vater, ich weiß nicht, wie ich mit meinem Bruder / meiner Schwester ins reine kommen kann. So übergebe ich das Problem ganz Dir. Bitte kümmere Dich darum und hilf mir dabei. Auf Dich vertraue ich. Ich danke Dir für Deine Hilfe. Dein Wille geschehe. Amen.«

Das Gebet hat machtvolle Wirkung. Wichtig ist natürlich Ihre innere Einstellung. Stehen Sie hinter Ihren Worten! Vertrauen sie wirklich, ohne jeden Zweifel. Vertrauen ist gerechtfertigt. Beten Sie im Vertrauen und in Demut, beten Sie mit der Sicherheit und der Würde eines Gotteskindes.

Setzen Sie sich dann innerlich zurück und atmen Sie auf. Für alles ist nun Sorge getragen. Sie wissen jetzt, daß sich Gott aktiv Ihres Problems annimmt. Beobachten Sie wachen Sinnes, was geschieht.

Seien Sie im geduldigen und vertrauensvollen Abwarten aber auch darauf vorbereitet, daß sich Gott an einem bestimmten Punkt entschließt, Sie in die Entwicklung aktiv miteinzubeziehen. Dann braucht Gott Ihre Hilfe. Dann sind Sie Sein verlängerter Arm hier auf Erden. Wenn Sie also an einem bestimmten Punkt die innere Stimme hören oder Ihnen ein äußeres Zeichen ins Auge springt, nehmen Sie es ernst, und handeln Sie danach. Nehmen Sie dazu Ihren ganzen Mut und Ihre ganze Kraft zusammen. Es wird gelingen. Gott hält Sie.

9. Kapitel

Gesundheit

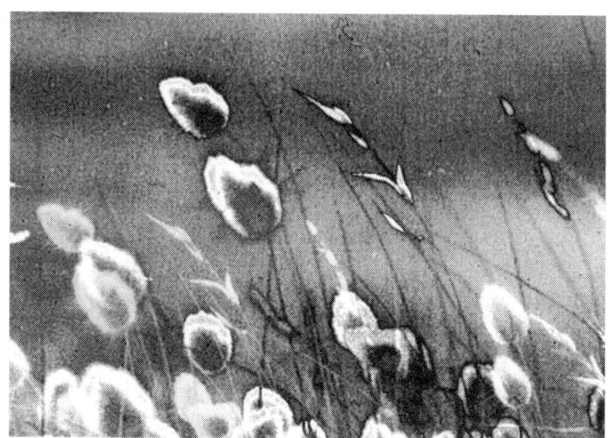

Harmonie

Gesundheit ist der natürliche Zustand des Menschen. Sie ist gottgewollt. Krankheit ist eine Störung, die der Heilung bedarf.

Vergessen Sie alles, was Sie über Krankheit und über die Entstehung von Krankheiten wissen. Legen Sie Ihr Wissen darüber zur
Seite, während Sie dieses Kapitel lesen. Denn, so sonderbar es klingt,
das naturwissenschaftliche Wissen über die Krankheitsentstehung
verhindert das Verständnis der Krankheit.

Dazu muß man Grundsätzliches über das naturwissenschaftliche
und im Gegensatz dazu das ganzheitliche oder geisteswissenschaftli-
che Denken wissen: Der Naturwissenschafter, auch der naturwissenschaftliche Mediziner, sucht das Verständnis im Kleinen, der
ganzheitliche Geisteswissenschaftler im Großen. Der Schulmedizi-
ner schaut durchs Mikroskop und glaubt, die Krankheitsursache im

105

einzelnen Organ, in der Zelle, ja im Molekül zu finden. Auf seine Erkenntnisse baut er die Behandlungsmethoden auf und behandelt deshalb mit Molekülen, chemischen Substanzen oder operiert ein krankes Organ.

Ich selbst komme aus der Schulmedizin. Über zehn Jahre habe ich als Arzt in einem Akutkrankenhaus gearbeitet, im Operationssaal, auf der Intensivstation, in der Arztpraxis. Ich habe in der Schulmedizin viele Erfolge gesehen und auch viele Niederlagen erlitten. Ich kenne die Stärken der Schulmedizin, aber ich weiß auch um Ihre Schwächen. So wichtig die Schulmedizin ist, sie ist im Denken begrenzt, und so sind es auch ihre Möglichkeiten.

Der Blickwinkel der Schulmedizin ist eingeschränkt. Sie sieht nur das einzelne, das Kleine, das Isolierte. Das Große, den Menschen in seiner Gesamtheit, hat sie aus den Augen verloren. So kann sie auch nur das Isolierte, das Organ, den Stoffwechsel heilen. Sie feiert Teilerfolge.

Der große Erfolg, die Heilung des ganzen Menschen, ist nicht ihr Verdienst. Das ist ja auch unmöglich. Kein Arzt, ja kein Mensch vermag das, denn wer lediglich auf einen Teil schaut, kann auch nur einen Teil heilen. Nur wer auf das Ganze schaut, kann das Ganze heilen. Es gibt nur Einen, der das Ganze sieht, und das ist Gott. Gott ist der große Heiler. Für Ihn ist nichts unmöglich.

Das Ganze ist Alles. Die heilende Sicht sieht den Menschen als Ganzes, ungeteilt, in Einheit mit allem. Der Mensch existiert nicht für sich allein. Er steht in innigem Bezug zu allem anderen, zu den anderen Menschen, zur Gesellschaft, zur Natur, zum Planeten Erde, zum gesamten Universum, zum belebenden Geist Gottes. Wenn der Mensch im richtigen Bezug zu all dem steht, befindet er sich in der Mitte. Dort kann er nicht krank sein, denn Gesundheit ist sein Los.

Wenn Sie also akut krank sind, nehmen Sie ruhig die Hilfe der Schulmedizin oder der Naturheilmedizin an. Auch sie haben ihren Sinn und ihre Berechtigung. Aber lassen Sie es nicht dabei bewenden.

Nutzen Sie zusätzlich das Gralsprogramm der Drei Schritte. Sie tragen damit wesentlich zu Ihrer Gesundung bei, denn *Sie* haben die Krankheit. Deshalb liegt auch die Kraft zur Heilung in Ihnen.

Wenn Sie eine chronische Krankheit haben, empfehle ich Ihnen das Drei-Schritte-Programm um so mehr, denn hier richten Medikamente oft über die Nebenwirkungen beträchtlichen Schaden an. So wenig Medikamente wie nur irgend möglich, ist hier das Zwischenziel. Das Endziel ist die vollständige Heilung.

Mit dem Drei-Schritte-Programm des Gralskönigs verbinden Sie sich mit dem mächtigsten Heiler der Welt. Sie verbinden sich mit Gott.

1. Schritt: Der König bin ich.
Der natürliche Zustand.

In Ihrem Leben, in Ihrem Land regieren Sie selbst. Nehmen Sie diese Wahrheit an, setzen Sie sich auf den Thron, und schauen Sie hinaus auf Ihr Land, in diesem Fall auf Ihren körperlichen und seelischen Gesundheitszustand. Gelassen und in Ruhe sitzen Sie auf dem Thron und sehen sich an, wo Sie sich gesund wissen und wo Sie Heilung brauchen. Legen Sie bei der Gesundheit den Maßstab hoch an. Zur Gesundheit braucht es vollkommenes Wohlbefinden in allen Bereichen. Dazu gehört neben einem schmerzfreien und funktionierenden Körper auch Glücksempfinden und tiefer innerer Frieden.

Erlauben Sie sich einen ehrlichen Blick. Machen Sie Bestandsaufnahme. Lassen Sie nichts aus. Nehmen Sie sich dazu die Zeit, die Sie brauchen, mindestens aber eine Viertelstunde!

Seien Sie sich nun bewußt, daß die bestehende Situation, wie auch immer sie aussehen mag, durch die Macht Ihrer eigenen Gedanken erschaffen wurde. Das ist eine harte Erkenntnis bei schweren Erkrankungen. Aber Sie sind der König.

Dieser erste Punkt ist enorm wichtig. Die meisten scheitern hier bereits. Sie liegen wie die Bettler in einer Ecke ihres Schlosses und geben den Bakterien, dem Wetter und dem Schicksal die Schuld an der Krankheit. Von dieser Einstellung wollen sie nicht lassen. Aber gerade im Bereich von Heilung und Gesundheit ist es notwendig, daß Sie den Königsthron in Besitz nehmen und die Verantwortung für Krankheit und für Gesundung übernehmen.

Ihr Schicksal gibt es nicht von Ihnen getrennt. Andere Teile des Universums, Bakterien, Viren und dergleichen haben nie Schuld, auch nicht im geringsten. Warum wird denn der eine angesteckt und der andere nicht? Im einzelnen Menschen liegt die Krankheitsursache begründet. Sie sind das Zentrum Ihrer Welt.

Die bestehende Situation wurde durch die Macht Ihrer eigenen Gedanken erschaffen. So ist die Welt eingerichtet. Erkennen Sie das, sonst werden Sie nicht vollständig gesund.

Die Gedanken sind die Boten, die Sie ins Land hinausschicken. Die Befehle, die sie in sich tragen, werden auf jeden Fall befolgt, was auch immer ihr Inhalt ist.

Gedanken, die der Krankheit Tür und Tor öffnen, sind z. B.: »Der Mensch muß leiden«, »Krankheit ist natürlich«, »Der Körper ist sündig und schwach«. Solche oder ähnliche Gedanken können Sie mit etwas Mühe bei sich aufspüren, um sie dann fallen zu lassen.

Es gibt aber in diesem Bereich auch Gedanken, die unbewußt sind und im Verborgenen wirken. Hierzu zählen vor allem Gedanken, die Ausdruck einer Schicksalsverstrickung im Familiensystem sind. Solche Gedanken, die an das Krankheitsschicksal eines früheren Familienmitglieds binden, können in der Familiensystemischen Therapie nach der Methode Bert Hellingers aufgedeckt und gelöst werden. Bei jeder chronischen Erkrankung bis hin zum Krebs empfehle ich die Familiensystemische Therapie dringend. Sie geht gerade an diesem Punkt, der Aufgabe von krankmachenden Gedanken, Hand in Hand mit dem Drei-Schritte-Programm und ergänzt es vortrefflich.

Schädliche Gedanken aufzugeben, ist ein machtvoller Vollzug. Damit ändert sich alles. Sie ebnen dadurch der Heilung den Weg. Die Macht dazu haben Sie. Sie sind Herr über Ihre Gedanken. Der König entscheidet, welche Boten er mit welchen Befehlen ins Land schickt.

Gedankenhygiene ist heilsam! Sie können Gedanken auswählen. Geben Sie die Gewohnheit auf, sich von Gedanken lenken zu lassen. Bestimmen Sie, und gewinnen Sie dabei Gesundheit und Wohlbefinden.

Der König schafft Ordnung: *»Alles hört auf meinen Befehl!«* Unerwünschte Boten werden in die Wüste geschickt. Keiner verläßt mehr die Burg ohne den ausdrücklichen Befehl des Königs. Die vorher mächtigen Minister mit den wohlbekannten Namen »Leidensbereitschaft«, »Ohnmacht« und »Selbstmitleid« werden fristlos entlassen. Zu lange standen sie der Gesundheit des Königs im Wege. Die Ordnung ist nach dem Fortschicken der negativen Gedanken wiederhergestellt. Der König weiß, wer er ist, und hat das Zepter ergriffen. Sie haben die Regentschaft im Bereich Ihrer Gesundheit übernommen.

Konkret:

- Sie übernehmen selbst die Verantwortung für Ihren Gesundheitszustand.
- Sie lassen jeden krankmachenden Gedanken fallen (eventuell mit Hilfe der Familiensystemischen Therapie).

Nun sind Sie bereit für den zweiten Schritt.

2. Schritt: Urteil aufgeben. Vergebung. Die Zustimmung zur Heilung.

Der König des Grals ist auch in der Krankheit nicht alleine gelassen. Gott steht ihm jederzeit mit Rat und Tat zur Seite. Der Gralskönig ist von Gottes Gnaden. Gott will nur Gesundheit und Glück. Um aber geheilt zu werden, muß der König den Gral finden. Er findet ihn in seinem Herzen, um ihn dann emporzuheben, damit Gott ihn fülle.

Bevor Sie aber Seinen Rat und Seine Tat (3. Schritt) annehmen können, müssen Sie erst Ihre Trennung von Gott rückgängig machen. Die Trennung ist rein gedanklich. In Wirklichkeit sind Sie niemals von Gott getrennt worden. Die gedankliche Abtrennung von Gott ist das Ur-teil, das erste Teilen der Ganzheit. Genau dieses Urteil, das Urteilen überhaupt, müssen Sie aufgeben.

In diesem Fall geht es um das Urteil über Ihre Gesundheit und die durchgemachten oder bestehenden Krankheiten. Geben Sie das Urteil darüber auf, und schauen Sie auf das Ganze. Versöhnen Sie sich mit ihrem bisherigen Schicksal. Jeder Ärger bindet Sie nur mehr an Krankheit und Leid.

Ihr bisheriger Gesundheitszustand ist weder gut noch schlecht. Spielen Sie nicht den Richter, der über Sinn und Unsinn richten kann. Es war, wie es war. Stimmen Sie Ihrem bisherigen Schicksal zu. An der Vergangenheit läßt sich sowieso nichts mehr ändern. Stimmen Sie auch zu, auf welche Weise Sie die Vergangenheit in die gegenwärtige Situation geführt hat. Jetzt, in der Gegenwart aber, haben Sie mit dem Drei-Schritte-Programm die Macht zur Veränderung. Damit Sie frei werden für das Neue, das Gesunde, braucht es noch eine aktive Leistung von Ihnen. Es braucht die Vergebung.

Vergeben Sie allen Menschen, die Ihrer Meinung nach dazu beigetragen haben, daß Sie jetzt krank sind. Vergeben Sie den Eltern oder anderen Familienangehörigen, wenn Sie glauben, daß sie Anteil an der Entstehung Ihrer psychischen Erkrankung haben. Vergeben Sie dem Autofahrer, dem Sie die Schuld an Ihrer Unfallverletzung übertragen. Vergeben Sie dem Leben, daß es Krankheit mit sich gebracht hat.

Vergeben Sie auch sich selbst für die Überlastung durch Suchtmittel, für die ungesunde Lebensweise, für all die krankmachenden Gedanken und für Ihre Uneinsichtigkeit. Vergeben Sie vor allem auch Gott, daß Er die Welt so eingerichtet hat, wie sie ist. Stimmen Sie Gott und der Welt zu. Sie stimmen damit auch Ihrer Herkunft zu, die göttlich ist. Sie sind ein Sohn oder eine Tochter Gottes. Ihnen gebührt nur das Beste.

Das beste ist die vollständige Heilung. Gesundheit und Glück sind Ihnen von Anbeginn an vorbestimmt. Das, was Ihnen noch fehlt, ist Ihre Zustimmung zur vollständigen Gesundheit, die Zustimmung, daß Gott Sie heilt.

Hiermit ist ein tiefes Geheimnis enthüllt – ein Gralsgeheimnis ersten Ranges. Schätzen Sie diesen Gedanken, und nehmen Sie sich Zeit, ihn wirken zu lassen. Er ist von außerordentlicher Wichtigkeit. Er ist einer der wichtigsten Gedanken dieses Buches.

Alles, was Ihnen fehlt, ist die eigene Zustimmung, daß Gott Sie heilt.

Stellen Sie sich vor, Sie gehen in ein Krankenzimmer und fragen den Kranken: »Was fehlt dir?« Der Kranke antwortet: »Ich weiß nicht, was mir fehlt.« Und Sie könnten ihm sagen: »Es fehlt dir deine Zustimmung, daß Gott dich heilt.« Wie fühlt sich dann der Kranke? Dann stellen Sie sich vor, Sie sind der Kranke, und es geht Ihnen die Wahrheit auf: »Alles was mir fehlt, ist meine Zustimmung, daß Gott mich heilt.« Wie geht es Ihnen dann? Die eigene Zustimmung zur Gesundheit ist nämlich alles, was Ihnen jemals gefehlt hat.

Dieser Satz ist von großer Tragweite. Mir sind die Tränen gekommen, als mir diese Erkenntnis geschenkt wurde. Sie macht auch die Vergebung leicht, denn wenn es nur an meiner Zustimmung fehlt, dann hat niemand anders schuld, kein anderer Mensch, kein Virus und auch Gott nicht. Denn Er steht ja da, will mir die Heilung übergeben und wartet auf meine Zustimmung.

Im Wissen, daß es die Schuld nicht gibt, können Sie allen aus vollem Herzen vergeben. Auch sich selbst können Sie nun leicht vergeben, denn Sie haben Ihre Zustimmung ja nur aus Unwissenheit verweigert, aus Unwissenheit, daß es an Ihnen selbst liegt.

Der König kniet nieder, hebt den Gralskelch mit beiden Händen aus seinem Herzen hoch hinauf und fühlt die heilende Kraft Gottes durch sich fließen. Sie bringt in seinem Körper alles in Ordnung, was in Unordnung geraten ist, heilt die alte Wunden und bringt Frieden und strahlende Freude in sein Gemüt.

3. Schritt: Rat und Tat Gottes.
Gott hat alle Möglichkeiten.

Auf welche Weise Ihnen Heilung zukommt, ist unerheblich. Urteilen Sie nicht über die Heilmethoden. Seien Sie sicher, daß Gott an jeder wirksamen Heilmethode beteiligt ist. Es ist gleich, ob Sie an einer Operation, einem Medikament oder durch geistige Heilung gesunden. Hauptsache, Sie werden geheilt.

Sie brauchen auch nicht wegen jeder Kleinigkeit tagelang auf die innere Stimme hören oder sich viele Stunden auf Visionssuche begeben. Gott hat Sie mit einem Grundwissen ausgestattet, das der modernen Zeit angemessen ist. Bei einer Blinddarmentzündung gehen Sie ins Krankenhaus und lassen sich operieren, bevor der Blinddarm durchbricht. Bei einem Unfall lassen Sie sich vom Notarzt das Blut stillen, bevor Sie verbluten, und mit einem Herzinfarkt sind Sie ebenfalls im Krankenhaus am besten aufgehoben. Wozu will man Gott lange fragen, wenn es keinen Zweifel gibt?

Nehmen Sie die Möglichkeiten der modernen Medizin an. Lassen Sie es aber nicht dabei bewenden, denn wahre Heilung kommt aus Ihrer Mitte, wahre Heilung kommt von Gott. Ihr Vertrauen zum Göttlichen spielt dabei eine bedeutende Rolle.

Gott hat alle Möglichkeiten. Welcher Möglichkeit Er sich bedient, ist Seine Sache. Urteilen Sie nicht darüber. Verlassen Sie sich auf die Tat Gottes. Aber versäumen Sie auch nichts. Versäumen Sie nicht, Ihren Teil beizutragen. Versäumen Sie nicht, den Arzt zu rufen oder therapeutischen Rat einzuholen, wenn es notwendig ist.

Dazu eine kleine Geschichte: Bei einer Überschwemmung wird das Haus eines Pfarrers von den Wassern eingeschlossen. Der Pfarrer steigt aufs Dach und betet zu Gott, er möge ihn retten. Wenig später kommen zwei Männer im Schlauchboot und wollen ihm helfen. Der Pfarrer lehnt dankend ab und sagt: »Fahrt nur zu. Mir hilft der Herr.«

Das Wasser steigt höher. Ein Hubschrauber taucht auf und läßt eine Strickleiter hinab. Die Besatzung fordert den Pfarrer auf einzusteigen. Er lehnt wieder dankend ab. »Macht euch keine Sorgen. Mich rettet der Herr«, versucht er das Tosen der Motoren zu übertönen. Als der Hubschrauber verschwunden ist, steigt das Wasser noch mehr. Eine Welle reißt den Pfarrer vom Dach. Er ertrinkt.

Erbost tritt er im Himmel vor Gott und schimpft: »Was soll das, Vater, ich habe Dich doch so inständig gebeten, mich zu retten. Und jetzt bin ich ertrunken!« Gott antwortet mit einem leisem Kopfschütteln: »Jetzt hast du Theologie studiert und weißt nichts von der Welt. Weißt du nicht, daß ich in allem bin? Ich habe dir ein Schlauchboot geschickt und einen Hubschrauber. Du hast beides ausgeschlagen. Wenn ein Mensch so stur ist, kann ich auch nichts machen.«

Nehmen Sie also die Unterstützung der professionellen Helfer an. Wenn die akute Krankheit im Griff ist oder es sich um eine chronische Krankheit handelt, Sie also Zeit haben, dann nutzen Sie Ihre eigene Kraft. Sie liegt immer in der engen Verbindung zu Gott.

Wenn es etwas gibt, das Sie selbst tun sollen, können Sie es durch die innere Stimme oder ein äußeres Zeichen erfahren. Das Wichtigste aber ist und bleibt die Zustimmung, daß Gott Sie heilt. Laden Sie Gott ein, Sie zu heilen. Er steht schon lange vor Ihrer Tür und wartet, bis Sie öffnen.

Ich möchte Sie an dieser Stelle in eine Heilmeditation einführen, die hervorragend geeignet ist, Gottes Heilkraft direkt aufzunehmen. Diese Form der Heilmeditation wurde in den fünfziger Jahren in Deutschland von Bruno Gröning gelehrt. Er war ein berühmter Heiler, der Zehntausende Menschen anzog. Es gibt heutzutage an vielen Orten den Bruno-Gröning-Freundeskreis, bei dem sich jeder näher informieren kann und in dem die Heilmeditation in Gemeinschaftsstunden regelmäßig durchgeführt wird.

Die Heilmeditation nach Bruno Gröning

Zur Heilmeditation setzen Sie sich aufrecht auf einen nicht zu weichen Stuhl. Sie überkreuzen weder Arme noch Beine, es könnte sonst zu Kurzschlüssen im Energiestrom kommen. Sie schließen die Augen.

Nun das Wichtigste: die demutsvolle Bitte. In einem kurzen Gebet bitten Sie Gott, Er möge Seine Heilkraft zu Ihnen fließen lassen. Sie bitten um die vollständige Heilung und stimmen ihr somit zu.

Sodann konzentrieren Sie sich nur auf den Augenblick und auf das, was in Ihrem Körper und in Ihrer Seele vor sich geht. Gottes Heilenergie oder der Heilstrom, wie er auch genannt wird, ist richtig spürbar: als Wärme, Kribbeln oder auch als vorübergehende Verstärkung von vorbestehenden Schmerzen. Das ist, wie die Erstverschlimmerung in der Homöopathie, ein Ausdruck des beginnenden Heilvorgangs.

Urteilen Sie nicht über diese Möglichkeit der Heilung, ohne sie kennengelernt zu haben. Auch diese Möglichkeit der direkten geistigen Heilung liegt im Repertoire Gottes. Er möchte sie vielleicht gerade bei Ihnen anwenden. Die Heilmeditation ist möglicherweise das Schlauchboot, das Sie vom Hausdach rettet. Die Wege Gottes sind überraschend und wunderbar. Heilung ist immer ein Wunder.

Für den einen ist die Operation, ein Medikament oder eine Psychotherapiestunde die Rettung, für den anderen ist es die geistige Heilung im direkten Kontakt mit Gott. Der geistig erwachte Mensch nimmt beides in Anspruch. Gott ist in allem.

Wenn Zweifel in Ihnen aufkommen, was für Sie das Richtige ist, erinnern Sie sich an die *innere Stimme* und an die *äußeren Zeichen*. Die Heilmeditation ist übrigens eine sehr gute Art, in die Stille zu gehen und sich dem Hören der inneren Stimme zu widmen. Vielleicht werden die Zweifel aber auch von einem äußeren Zeichen beendet. Ich wünsche Ihnen Gesundheit und frohen Sinn.

10. Kapitel

Fremde und Freunde

Der Fremde

Der Mensch, der Ihnen gerade gegenübersteht, ist immer der wichtigste. Darin gibt es keine Ausnahme. So wird der Fremde zum Freund. Erkennen Sie auch im Fremden Gottes Sohn oder Tochter, dann können Sie freundlich auf ihn schauen. Mit einem freundlichen Blick verändert sich alles. Ihre Seele spricht aus Ihren Augen. Im Blick begegnen sich die Seelen.

115

Der andere Mensch, wer es auch sei, ist Ihnen geschickt. Bringen Sie ihm die Ehre entgegen, die einem Gotteskind gebührt. Urteilen Sie nicht über ihn. Behalten Sie aber auch Ihre eigene Würde. Sie sind nicht für den anderen verantwortlich. Er hat wie Sie seinen eigenen freien Willen, den Sie nicht antasten dürfen.

Den nächsten Menschen mit Liebe anzuschauen, heißt nicht, alles zu tun, was er von Ihnen verlangt. Es heißt, sich mit Würde zu begegnen und das Urteil aufzugeben. Dann wird die Begegnung zu einem fruchtbaren Zusammentreffen. In einer solchen Beziehung, die in Minuten entstehen kann, hilft man dem anderen gerne, wenn es nötig ist.

Lassen Sie sich aber nicht die eigene Würde dabei nehmen. Freundschaft gedeiht auf dem Boden der gegenseitigen Achtung, einer Haltung der Dankbarkeit und der liebevollen Annahme.

Ein ausgeglichener, gottverbundener Mensch ist allseits beliebt und pflegt einen reichen Freundeskreis. Nicht, weil er sich bei allen lieb Kind macht, sondern weil er ehrlichen Herzens jedem Achtung schenkt.

Das Miteinander ist für uns Menschen wichtig. Sonst hätte Gott nur einen Menschen erschaffen. Wir brauchen einander. Wir können einander Wissen weitergeben, uns in allen Bereichen helfen. Das Wesentliche liegt wohl in der gegenseitigen Bestärkung im Menschsein, das sich von Gott ableitet.

Auch die Freude und die Genugtuung beim Gespräch, beim gemeinsamen Spiel und bei der gemeinsamen Arbeit ist gottgewollt. Alles Gottgewollte erfüllt uns mit Lust und hinterläßt Zufriedenheit. Darum werden wir durch Unlust und Unzufriedenheit gerade zum Richtigen, zum Gottgewollten hingedrängt, in diesem Fall zur Gemeinschaft mit anderen und zur Pflege von tiefen Freundschaften. Die anderen Menschen sind Könige und Königinnen wie Sie selbst.

Auch in diesem Bereich ist das Gralsprogramm segensreich – sei es, daß Sie sich einen Freundeskreis aufbauen wollen oder daß Sie Schwierigkeiten mit einem Freund oder einer Freundin haben. Zögern Sie nicht, auch hier das Drei-Schritte-Programm anzuwenden.

1. Schritt: Der König bin ich.
Der nächste Mensch ist immer der wichtigste.

In Ihrem Leben, in Ihrem Land regieren Sie selbst. Nehmen Sie diese Wahrheit an, setzen Sie sich auf den Thron, und schauen Sie hinaus auf Ihr Land, in diesem Fall auf Ihre Beziehungen zu den anderen Menschen, zu Fremden und Freunden. Gelassen und in Ruhe sitzen Sie auf dem Thron und sehen sich an, wie Sie mit den anderen Menschen umgehen, wieviele Freunde Sie haben und wie Ihre Beziehung zu ihnen ist. Seien Sie ehrlich zu sich selbst. Machen Sie Bestandsaufnahme. Nehmen Sie sich dazu die Zeit, die Sie brauchen, mindestens aber eine Viertelstunde!

Seien Sie sich nun bewußt, daß die bestehende Situation, wie auch immer sie aussehen mag, durch die Macht Ihrer eigenen Gedanken geschaffen wurde. Sie sind der König.

Schon dieser erste Punkt ist sehr wichtig. Die meisten scheitern bereits hier, denn sie weisen den anderen, den Fremden und Freunden die Schuld an den Schwierigkeiten zu und wollen von dieser Einstellung nicht lassen. Aber gerade das ist wichtig, wenn Sie das Zepter in die Hand nehmen wollen. Sie sind der unumschränkte Herrscher in Ihrem Leben. Die anderen haben nie Schuld, auch nicht im geringsten. Die bestehende Situation wurde durch die Macht Ihrer eigenen Gedanken erschaffen. So ist die Welt eingerichtet. Erkennen Sie das, dann wird Ihnen der Umgang mit den anderen Menschen zur Freude. Die Gedanken sind die Boten, die Sie den anderen entgegenschicken. Die Botschaften, die sie in sich tragen, zeigen in jedem Fall Wirkung, was immer auch ihr Inhalt ist.

Meist sind es Gedanken der Abwehr und der Überheblichkeit, die einen freundschaftlichen Kontakt verhindern oder in einer bestehenden Freundschaft zu Schwierigkeiten führen, wie z. B.: »Ich brauche den anderen nicht«, »Der kann mir nicht das Wasser reichen«, »Was will denn der schon wieder von mir?«.

Oder aber es sind Gedanken einer anderen Überheblichkeit wie: »Ohne mich kommt der andere nicht zurecht«, »Dem muß ich

117

helfen, koste es, was es wolle«. Solche Gedanken sind vielleicht gut gemeint, aber nur vordergründig, denn hintergründig urteilen sie über den anderen und nehmen ihm die Würde.

Der Anspruch, daß sich ein anderer Mensch ändern muß, ist nicht zulässig und immer ein Schuß in den Ofen. Die Welt können Sie nur ändern, indem Sie Ihre Gedanken ändern. Spüren Sie beziehungshemmende Gedanken auf, und entscheiden Sie sich, sie nicht mehr zu denken.

Die Macht dazu haben Sie. Sie sind Herr über Ihre Gedanken. Der Verstand und die Gedanken sind Ihnen als Werkzeuge untergeordnet. Das ist die seit jeher bestehende Ordnung. Sie haben die Entscheidungsgewalt darüber, ob Sie einen Gedanken, der Ihnen in den Sinn kommt, weiterdenken oder ob Sie ihn fallen lassen. Der König entscheidet, welche Boten er mit welchen Befehlen ins Land schickt.

Geben Sie die schädlichen, hemmenden Gedanken einfach auf. Allerdings werden sie zunächst wiederkommen. Zu gewohnt sind sie es, nach Lust und Laune umherschwirren zu können. Und zu gewohnt sind Sie es, sich von ungeprüften Gedanken beherrschen zu lassen. Ihre Aufgabe ist es nun, sie immer wieder aufs neue zu erkennen und dann sofort fallen zu lassen. Das bedeutet einige Arbeit. Aber sie ist notwendig und führt Sie in zahlreiche fruchtbare Beziehungen und Freundschaften.

Der König schafft zunächst Ordnung: »Alles hört auf meinen Befehl!« Unerwünschte Boten (Gedanken) werden in die Wüste geschickt. Die vorher übermächtigen Minister mit den wohlbekannten Namen »Eigennutz«, »Überheblichkeit« und »Eigenbrötelei« werden fristlos entlassen. Sie sollen ihr isoliertes Leben anderswo leben. Das Land des Königs dürfen sie nicht mehr betreten.

Der König nimmt freundschaftlichen Kontakt zu den Nachbarkönigen auf. Ein reger Austausch von Waren, Wissen und Gesandten führt zu einer Blüte der Kultur in allen beteiligten Königreichen.

Konkret:

• Sie übernehmen die Verantwortung für Ihre Beziehungen zu Fremden und Freunden.

- Sie lassen jeden Gedanken der Abwehr, der Überheblichkeit usw. fallen.

Nun sind Sie bereit für den zweiten Schritt.

2. Schritt: Urteil aufgeben. Vergebung. Tiefe Freundschaften.

Gott verbindet die Könige. Er ist ihr Herr. In Ihm wissen sie sich verbunden.

Wenn es Schwierigkeiten mit fremden oder befreundeten Königen gibt, kann sich jeder auf die höchste Macht berufen. Der Gralskönig ist nicht alleingelassen. Gott steht ihm auch in der Beziehung zu anderen Königen mit Rat und Tat zur Seite.

Bevor Ihnen aber Gottes Rat und Tat zukommen kann, müssen Sie Ihn als Ihren Herrn und Beschützer annehmen. Ihre Trennung von Gott müssen Sie rückgängig machen. Die Trennung ist rein gedanklich. In Wirklichkeit sind Sie niemals von Gott getrennt worden. Die gedankliche Abtrennung ist das Ur-teil, das erste Teilen des Ganzheitlichen. Genau dieses Urteil, das Urteilen überhaupt, müssen Sie aufgeben.

In diesem Fall geht es um das Urteil über Fremde, Freunde und über die Art des Umgangs, den Sie mit ihnen pflegen. Geben Sie das Urteil auf, und schauen Sie auf das Ganze. Ihre bisherigen Beziehung zu anderen Menschen sind weder gut noch schlecht. Spielen Sie nicht mehr den Richter, der über Vergangenes richten kann. Es war, wie es war. Stimmen Sie zu, wie sich Ihr soziales Leben bisher gestaltet hat. Es ist die Grundlage für alles Weitere.

Dann üben Sie aus vollem Herzen Vergebung. Vergeben Sie allen Menschen, die jemals in Ihr Leben getreten sind und Ihnen Schwierigkeiten bereitet haben: Freunden, Bekannten, Feinden, Fremden, Arbeitskollegen usw.

Vergeben Sie dem flüchtig Bekannten, daß er Ihren Freundschaftswunsch nicht erwidert. Vergeben Sie dem Busenfreund, der sich von Ihnen entfernt. Vergeben Sie dem Fremden, der Sie, auf der Suche nach Hilfe, bei der Arbeit stört. Vergeben Sie sich selbst für alle Abwehr und jede Verurteilung, für den angstvollen Rückzug und für alle überheblichen Reaktionen.

Vergeben Sie vor allem, und das ist sehr wichtig, vergeben Sie auch Gott, daß Er die Welt so eingerichtet hat, wie sie ist. Stimmen Sie Gott und der Welt zu. Sie stimmen damit auch Ihrer Herkunft zu, die Sie an die Seite aller anderen Menschen stellt. Sie sind ein Sohn oder eine Tochter Gottes. Aber auch alle anderen Menschen sind Kinder Gottes. Ihnen gebührt nur das Beste.

Das beste ist der freudvolle Kontakt mit allen Menschen, die Ihnen begegnen. Die Begegnung wird als ein Zusammentreffen zwischen zwei Gotteskindern gefeiert. Tiefe Freundschaften entwickeln sich, die über die flüchtige Berührung weit hinausgehen und bleibende Bestärkung schenken.

Ohne die anderen Menschen wäre das Leben vollkommen sinnlos. Für wen sollten Sie arbeiten? Für wen sollte ich schreiben? Das Geheimnis der inneren Berührung verwandelt uns. Gemeinsamkeit ist unsere Bestimmung. Die Freiheit des Menschen liegt in der Zustimmung zur eigenen Bestimmung. Hier finden Sie Freude und Glück.

Ihre bisherigen Beziehungen zu den Mitmenschen bilden die Grundlage. Keine Erfahrung war umsonst. Alles hat seinen Sinn.

Üben Sie wahre Vergebung mit Demut im Herzen. Werden Sie auf diese Weise reif zu erfahren, was Sie tun können, um das Beste in der Beziehung zu anderen Menschen zu erlangen.

3. Schritt: Rat und Tat Gottes.
Lächeln und froher Sinn.

Nachdem der König Ordnung in seinem Land geschaffen und Gott als seinen Herrn und Führer erkannt hat, kniet er nieder und blickt weit über seine Landesgrenzen hinaus. Er erkennt das große Ganze und weiß, daß sein Königreich nur ein Teil von Gottes Reich ist. Der König bittet um Anweisungen, was er tun kann, daß sein Land in freundschaftliche Beziehungen zu den Nachbarkönigreichen eintritt und sich so ins große Ganze fügt.

Welche Boten soll der König ins Nachbarland schicken? Welche Gedanken sind gut für Sie und Ihr soziales Leben? Was gibt es zu tun? Was gibt es zu lassen? Dort, wo der König nicht weiterweiß, besinnt er sich auf Gott und Seinen Beistand.

Der Rat Gottes

Nutzen Sie den Rat Gottes auch für die Beziehung zu Fremden und Freunden. Hören Sie die innere Stimme, und lassen Sie sich von den äußeren Zeichen belehren.

Gott hat immer den besten Rat. Öffnen Sie Ihre Sinne für Seinen Rat, indem Sie ehrlichen Herzens eine Bitte aussprechen. Formulieren Sie Ihre Frage präzise. Beten Sie z. B.: »Vater-Mutter-Gott, ich habe keinen echten Freund. Ich weiß nicht, was ich dazu tun kann, um Freunde/Freundinnen zu gewinnen. Bitte offenbare mir, was ich dazu beitragen kann. Laß mich Deine Stimme deutlich hören, oder schick mir ein eindeutiges Zeichen, das ich klar verstehen kann. Ich danke Dir, und ich preise Dich. Dein Wille geschehe. Amen.« Formulieren Sie Ihre Frage mit Ihren eigenen Worten. Wenn es nicht klappen will, überprüfen Sie Ihre innere Einstellung auf Demut.

Wenn Sie sensibel für die *innere Stimme* werden wollen, gehen Sie in die Stille. Die im Kapitel »Gesundheit« beschriebene Heilmeditation ist dafür eine gute Möglichkeit. Gehen Sie jeden Morgen in die Stille, und bereiten Sie sich auf diese Weise auf die Begegnungen des Tages vor. Nehmen Sie den Rat Gottes mit in den Tag, und wenden Sie ihn bewußt bei jedem Menschen an, ganz gleich ob Sie im Büro sind, telefonieren, sich beim Sport oder im Kreis von Freunden befinden.

Es ist auch durchaus empfehlenswert, sich während des Tages bei plötzlich auftretenden Schwierigkeiten eine Viertelstunde in ein ruhiges Zimmer oder in einen Park zurückzuziehen und in der Stille die Frage nach dem eigenen Beitrag zur Lösung zu stellen. In diesen Dingen muß man sich üben. Gott ist immer da. Seine Stimme erklingt immerzu. Seine Zeichen treten uns stets vor Augen. Ihre Aufgabe ist es, Ihre Sinne in regelmäßiger Übung zu schärfen.

Seien Sie dabei aufmerksam und bereit. Betrachten Sie die Übung nicht nur als Übung. Der Erfolg ist jederzeit möglich. Die Antwort auf Ihre Frage kann schon in den nächsten Minuten kommen. Die innere Stimme kann sich auch außerhalb der Meditationszeit melden, mitten im Alltagstrubel.

Suchen Sie in der Stille regelmäßig das Gespräch mit Gott. Aber schalten Sie Ihren Empfänger nicht aus, wenn Sie sich von der Meditation erheben, sondern bleiben Sie 24 Stunden auf Empfang. Seien Sie immer bereit, sogar im Schlaf. Beten Sie vor dem Schlafengehen: »Auch was Du mir im Schlaf an Ratschlägen, Ideen oder Wünschen zukommen läßt, Vater-Mutter-Gott, nehme ich gerne an. Ich danke Dir für alles. Dein Wille geschehe. Amen.«

An manches werden Sie sich am nächsten Morgen erinnern, an manches nicht. Es spielt keine Rolle. Wenn es etwas Wichtiges ist, wird es den Weg in das Bewußtsein des Tages finden. Wagen Sie es auch, am Tag zu träumen. Als Gralskönig können Sie selbst entscheiden, welche Träume Sie weiter verfolgen. Legen Sie bloß die Angst beiseite.

Wenn es Zweifel gibt, stehen Ihnen ja auch noch die *äußeren Zeichen* zur Verfügung. Es wird Ihnen alles gelingen, was gottgewollt ist. So finden Sie auch Wege zum würdevollen und freudigen Umgang mit Fremden und Freunden. Nach einiger Zeit werden die Unterschiede schwinden. So kann Ihnen ein Mensch zum bleibenden Freund werden, auch wenn Sie ihm nur einmal im Leben begegnet sind. Sie machen keine Unterschiede mehr. Sie verlieren Ihre Feinde und bewegen sich, wo immer Sie sind, unter freundlichen Menschen. Lächeln und froher Sinn wird Ihnen überall entgegengebracht. Würdevoll schreiten Sie über die Erde.

Die Tat Gottes

Wenn Ihnen über die innere Stimme und die äußeren Zeichen keine Botschaft zuteil wird, greifen Sie auf das bewährte Mittel zurück, Gott die Lösung der Probleme oder die Erfüllung Ihrer Wünsche zu überlassen. Es wird aber auch hier eine Eigenleistung gefordert: Das bittende Gebet, mit dem Sie Gott um Seine tatkräftige Hilfe bitten. Beten Sie z. B.:

»Vater-Mutter-Gott, ich kann im Augenblick nicht erkennen, was ich zur Lösung des Problems mit ... (Name) oder zur Erfüllung meines Wunsches (genaue Beschreibung) tun kann. Ich weiß mir keinen Rat. So übergebe ich es Dir, damit Du die Lösung findest. Auf Dich vertraue ich. Ich danke Dir für Deine Hilfe. Dein Wille geschehe. Amen.«

Setzen Sie sich nun innerlich zurück, atmen Sie frei, und schauen Sie freundlich und mit Liebe in die Augen der anderen Menschen, ganz egal, wer es ist. Seien Sie stolz auf Ihr göttliches Wesen, und lassen Sie Gott aus dem Verborgenen wirken. Alles, was Sie aus Angst heraus vorschnell tun, stört die Lösung nur, ja verhindert sie.

Sie wissen, daß Gott aktiv ist und sich Ihres Anliegens angenommen hat. Beobachten Sie nun aufmerksam, was geschieht. Seien Sie sich aber bewußt, daß Sie im geduldigen und vertrauensvollen Abwarten praktisch auf Abruf sind. Der Ruf der inneren Stimme kann stets erschallen, das richtunggebende äußere Zeichen kann stets erscheinen. Dann braucht Gott Ihre Hilfe, und Sie sollten in diesem Fall nicht zögern, ins Geschehen einzugreifen, auch wenn das vielleicht bedeutet, über Ihren Schatten zu springen und etwas für Sie Ungewöhnliches zu tun oder zu sagen. Nehmen Sie Ihren ganzen Mut zusammen. Es wird gelingen. Gott hält Sie.

11. Kapitel

Unsere Erde als Gemeinschaft

Der Planet

Der Astronaut, der die Erde mit Abstand als Ganzes, als Einheit erlebt hat, hat es verstanden. Wir, die wir die Bilder der Erde aus dem Weltenall gesehen haben, können es auch verstehen: *Die Erde ist eine Einheit.*

Mit Abstand betrachtet gibt es keine Trennung. Nur der zu enge Blickwinkel läßt Egoismus und Gegnerschaft zu. Unsere Erde ist so wunderbar anzusehen. Sie ist ein Sinnbild von Schönheit und Einheit.

Wenn wir das Bild des blauen Juwels *Erde* im Herzen tragen, können wir auch die Schönheit um uns herum wahrnehmen und unser Bewußtsein zur Erkenntnis erweitern, daß wir alle in Einheit verbunden sind, ja, daß wir alle eins sind.

Schauen Sie nicht auf all das Negative in der Menschheitsgeschichte und der Gegenwart. Schauen Sie nicht auf all die Kriege und Katastrophen. Der Blick auf das Negative macht Sie blind für das Wesentliche, nimmt Ihnen nur den Mut und stürzt Sie in die Machtlosigkeit.

Sie haben jedoch alle Macht dieser Erde, denn jeder ist der Machtmittelpunkt seiner Welt. Sie sind das Zentrum Ihrer Welt. Außer Ihrer Welt gibt es keine Welt! Sie sind der König. Fangen Sie bei sich selber an. Dort haben Sie alle Macht, die Sie brauchen, um eine Welt voller Wunder und Schönheit entstehen zu lassen.

Auf diese Weise nehmen Sie wesentlichen Einfluß auf die gesamte Erde und den Geist, der auf ihr herrscht.

Das Ego möchte die Macht auf der Erde zentral an einem Ort, am liebsten in einer Person, bündeln. Die Weltherrschaft ist das erklärte Ziel der internationalen Finanzgrößen. Geld ist ihr Mittel und gleichzeitig ihr Götze. Ihm wird zur Zeit alles geopfert, was der Mensch je an wirklichen Werten besessen hat. Nichts ist mehr heilig. Das Ego triumphiert, die Angst wie eine Geißel schwingend, und gebiert nur Häßlichkeit und Zerstörung.

In Wahrheit ist echte, dauerhafte Macht multizentral angelegt. Es gibt so viele Machtzentren, wie es Menschen gibt, denn jeder beeinflußt durch sein inneres Sein, durch die Macht seines göttlichen Geistes, was um ihn herum vorgeht. In diesem Machtzentrum, in des Menschen Kern, hat ängstliches Egodenken keinen Platz. Dort gibt es nichts zu verlieren, nur zu gewinnen: keine Trennung, sondern Einheit, keine Häßlichkeit, sondern Schönheit, keine Gefahr, sondern vollkommene Sicherheit, keine Zerstörung, sondern Bewahrung und Schutz, keine Krankheit, sondern Gesundheit, keinen Tod, sondern ewiges Leben.

Erkennen Sie die Kraft Ihres Kerns, Ihres göttlichen Wesens. Werden Sie zum Gralskönig von Gottes Gnaden. Lassen Sie das Paradies um sich entstehen. Nehmen Sie den strahlenden Kelch, den Heiligen Gral, aus Ihrem Herzen, wo er seit Anbeginn der Zeit wartet, und heben Sie ihn mit beiden Händen hoch hinauf, damit Gott ihn fülle. Werden Sie zum Gefäß Gottes. Werden Sie zum Werkzeug Gottes. Undenkliches Glück, reicher Segen und tiefer Frieden erwarten Sie.

12. Kapitel

Das Leben in einer Gemeinschaft

Gemeinschaft

Was braucht der Mensch zu seinem Glück? Die bisherigen Kapitel dieses Buches geben Antworten in den grundlegenden Bereichen menschlichen Lebens. Wahrhaft glücklich schätzen darf sich, wer seine Berufung gefunden hat, mit seinem Partner in Liebe und Frieden lebt, wer seine Kinder gedeihen sieht, wer dankbar auf seine Eltern schaut und die Geschwister im Herzen trägt. Wer von hemmenden Schicksalsverstrickungen im Familiensystem frei und an Körper und Seele gesund ist, wer einen ansprechenden Freundeskreis hat und auch fremde Menschen als Brüder behandeln kann, dessen Dasein scheint vollkommen.

Das alles zu erreichen, ist ein hoher Anspruch und braucht sicherlich einige Jahre an gelebtem Leben. In Anbetracht unserer Bestimmung, Himmel und Erde zu verbinden, ist es jedoch kleinlich, sich mit weniger als dem Ganzen zufriedenzugeben. Das Beste ist gerade gut genug. Alles andere sind nur Pflastersteine, über die es hinwegzuschreiten gilt.

Was soll die Angst vor Problemen? Sie stellen sich uns tatsächlich nur in den Weg, weil sie überwunden werden wollen. Kein anderer kann ein Problem lösen als derjenige, dem es sich stellt. Wer vor Problemen kneift und vor Schwierigkeiten davonläuft, dem ergeht es wie dem Hasen mit dem Igel: So schnell er auch läuft, immer wieder stellt sich ein Igel, ein Problem, in den Weg. Auch wenn das nächste Problem vielleicht eine andere Färbung hat, es verstellt die freie Bahn und schreit uns entgegen: Löse mich, sonst darfst du nicht vorbei!

Lösen Sie Ihre Probleme! Lassen Sie sich durch nichts entmutigen. In allen Bereichen des Lebens gibt es eine gute Lösung. Mit dem Drei-Schritte-Programm des Gralskönigs schaffen Sie es.

Doch der Lebensbereich, der im vorangehenden Kapitel anklingt, gibt dem menschlichen Leben erst den Rahmen: das Leben in einer Gemeinschaft.

Der Mensch ist über die Grenzen seiner Familie hinaus ein Gemeinwesen. Menschliche Kultur entwickelt sich nur im größeren Ganzen, zu dem der einzelne und der Familienverband die Bausteine sind.

Zum Gelingen im Größeren, im Gemeinschaftsleben, bedarf es des Mutes jedes einzelnen, seine Berufung zu finden und zu erfüllen, denn die ideale Dorfgemeinschaft, die ideale Stadtgemeinde, der ideale Staat sind bereits in Vollkommenheit geplant. Der Architekt der idealen menschlichen Lebensgemeinschaft ist Gott. Jeder Mensch bekommt seine Aufgabe in der Gemeinschaft von innen heraus zugewiesen. Gott hat in jeden Menschen das Trachten nach Glück und Erfüllung gelegt. Wahre Erfüllung finden Sie nur in der eigenen Berufung und im Dienst an der ganzen Gemeinschaft.

Wenn jeder seine Berufung erfüllt, bildet sich die ideale Gesellschaft von selbst. Jeder hat seine Aufgabe und seine Arbeit. Arbeitslosigkeit ist unbekannt. An nichts mangelt es, denn es gibt weder zu viel noch zu wenig Bauern, Landarbeiter, Bäcker, Metzger, Redner,

Schriftsteller, Künstler, Handwerker, Lehrer, Richter, Verwalter, Kindererzieher usw. Alles regelt sich in der idealen Gemeinschaft von selbst, denn Gott sorgt für alles. Jeder erfüllt dabei die Aufgabe, die ihm gemäß ist. Keiner ist unterfordert oder überfordert. Jeder gibt sein Bestes und hat alles, was er braucht.

Nicht Angebot und Nachfrage beherrschen dann den Markt, sondern die Herzensanliegen der Menschen. Dem Schreiner ist der Tisch, an dem er gerade arbeitet, ein Herzensanliegen, dem Arzt ist es die Gesundheit des Patienten, dem Bauern der Wohlgeschmack der Feldfrüchte, dem Lehrer die Bildung der Schüler, dem Musiker die Schönheit der Musik, dem Wirt die Zufriedenheit der Gäste, dem Schriftsteller die Poesie der Worte und die Wahrheit der Botschaft.

Alle, die zur Gemeinschaft beitragen, sind gestärkt und ausgerichtet durch die *eine* Kraft, durch Gott. Die Menschen werden verbunden durch das Wissen, daß sie alle eins sind.

In der Gemeinschaft erleben Sie Erfüllung. Auch Sie werden gebraucht. Sie sind, wie jeder andere, von großem Nutzen für die Gemeinschaft. Von Nutzen zu sein, geachtet zu werden für seinen Beitrag und als Mensch überhaupt, bringt Zufriedenheit und ein Gefühl des Glücks.

Die ideale Gemeinschaft, von der ich spreche, scheint heute in weite Ferne gerückt. Jeder schaut nur auf sich. Sogar die Politiker, die den offiziellen Auftrag haben, auf das Gemeinwohl zu schauen, sehen oft nur ihren eigenen Vorteil. Die Korruptionsaffären in den höheren politischen Etagen häufen sich. Das Vertrauen in die führenden Politiker schwindet. Wo ist der Staatsmann, dem der Staat, also das Gemeinwohl, am Herzen liegt, der sich von Gott in sein Amt eingesetzt weiß und die göttliche Führung anerkennt?

Aber die Politiker sind nur ein Beispiel. Jeder soll bei sich selber anfangen. Es hat keinen Sinn, zu warten, bis der Staat oder die Politiker sich ändern. Es geht in erster Linie um die eigene innere Einstellung zur Berufung und zur Gemeinschaft.

Es steht in unserer Gesellschaft jedem frei, sich mit anderen zusammenzutun und eine Gemeinschaft zu bilden, die der inneren Einstellung entspricht, oder aber mit seinen Fähigkeiten zum Leben einer bestehenden Gemeinschaft beizutragen. Sie leben ja bereits in einer Gemeinschaft, in einem Dorf, einer Gemeinde oder einer Stadt und leisten in Ihrem Beruf einen Beitrag fürs Ganze.

Aber die meisten tanzen um das goldene Kalb und richten sich nach der Höhe des Lohnes, anstatt nach ihrem Herzen und ihrer Berufung. Jeder hat einen Beruf, die wenigsten fühlen sich jedoch berufen.

Die Dorfgemeinschaften und Stadtgemeinden sind heute in ihrem Kern zerschlagen. Keiner fühlt sich mehr zugehörig. Es fehlt an wahrer Gemeinsamkeit. Vereinsamung und Abkapselung greifen um sich. Die Unzufriedenheit mit dieser Situation führte in den letzten Jahrzehnten zu vielen alternativen Gemeinschaftsgründungen. Wer hier ins Detail gehen will, dem empfehle ich das Buch *Zukunftswerkstatt Gemeinschaftsprojekte* von Karl-Heinz Meyer (vgl. Literaturverzeichnis).

Bei der Lektüre dieses Buches habe ich verstanden, daß eine Gemeinschaft nur von Dauer ist, wenn alle Mitglieder im Inneren eine gemeinsame Ausrichtung, einen gemeinsamen Halt haben. Die gemeinsame Verbindung kann nur von göttlicher Natur sein, denn Gott bildet den Kern eines jeden Menschen. Er vereint die Kräfte, und nur Er verleiht Sinn.

Alle Gemeinschaften, die keine gemeinsame spirituelle Ausrichtung hatten, haben sich im Laufe der Jahre aufgelöst. Nur Gott schafft den Rahmen, in dem menschliches Leben wahrhaft aufblühen kann.

Dabei kann es niemals darum gehen, daß sich einige wenige zusammenschließen und sich von den anderen, dem Dorf, dem Stadtteil und den Nachbarn absondern. Niemand ist so gut oder so weit entwickelt, daß er das Recht hätte, über andere zu urteilen. Absonderung ist ein sicheres Zeichen, daß Urteile gefällt worden sind. Denn jedes Urteil führt zwangsläufig dazu, daß man sich selbst als etwas Besonderes ansieht. Abtrennung und Absonderung sind die Folge.

Eine Gemeinschaft, die von Gottes Geist getragen wird, ist offen für alle Menschen. Jeder wird als brüderlicher Gast empfangen. Niemand wird ausgenutzt. Im Gegenteil, man dient dem anderen, auch wenn er sich vielleicht nicht zugehörig fühlt und nur aus Interesse einmal vorbeischaut.

Wie auch immer sich die menschliche Gesellschaft in Zukunft entwickeln wird, eines ist klar: Das tragende Element wird die Verbundenheit in Gott sein. Wie schön ist das menschliche Miteinander, wenn wir Gott in unserer Mitte wissen!

Dabei ist eines ganz wichtig zu verstehen: Es geht nicht um einen Gottesstaat, in dem die Macht in Rom oder einem anderen Ort zentralisiert wird. Das sind alte, überkommene Formen der Gesellschaftsbildung, die nur zu Dogmen und Bevormundung führen und die Entwicklung des Menschen bedeutend einschränken.

Die neue Gesellschaft ist multizentral. Jeder Mensch ist das Zentrum. Alle diese menschlichen Zentren werden durch Gott verbunden und ausgerichtet. Auf diese Weise erfährt der Mensch Verbundenheit und Gemeinsamkeit mit allen anderen Menschen, ja mit der Welt insgesamt. Eine neue Gesellschaft, ein neuer Staat entsteht auf diese Weise.

Was Sie zum Gemeinschaftsleben beitragen können, kann ich Ihnen nicht sagen. Das Drei-Schritte-Programm des Gralskönigs bietet Ihnen die Möglichkeit, es selbst herauszufinden. Der Mensch ist zum Gemeinschaftsleben bestimmt. Die Freiheit des Menschen liegt in der Zustimmung zu seiner Bestimmung.

1. Schritt: Der König bin ich.
Das Glück der Gemeinsamkeit.

In Ihrem Leben, in Ihrem Land regieren Sie selbst. Nehmen Sie diese Wahrheit an, setzen Sie sich auf den Thron, und schauen Sie hinaus auf Ihr Land, in diesem Fall auf den Bereich Gemeinschaftsleben. Gelassen und in Ruhe sitzen Sie auf dem Thron und sehen sich an, ob Sie in einer Gemeinschaft leben, ob und was Sie für das größere Ganze der Gemeinschaft tun. Seien Sie ehrlich zu sich selbst. Machen Sie Bestandsaufnahme. Nehmen Sie sich dazu die Zeit, die Sie brauchen, mindestens aber eine Viertelstunde!

Seien Sie sich nun bewußt, daß die bestehende Situation, wie auch immer sie aussehen mag, durch die Macht Ihrer eigenen Gedanken geschaffen wurde. Sie sind der König.

Schon dieser erste Punkt ist sehr wichtig. Die meisten scheitern hier, denn sie weisen die Schuld an den Problemen, die sie selbst mit dem Leben in einer Gemeinschaft haben, den anderen zu und wollen von dieser Einstellung nicht lassen. Aber gerade das ist notwendig, wenn Sie Ihre Aufgabe im Gemeinschaftsleben finden wollen. Sie sind der unumschränkte Herrscher in Ihrem Leben. Die anderen haben nie Schuld, auch nicht im geringsten. Die bestehende Situation wurde durch die Macht Ihrer eigenen Gedanken erschaffen. So ist die Welt eingerichtet. Erkennen Sie das, dann werden Sie bereit sein, ein tragender Teil des großen Ganzen zu werden.

Die Gedanken sind die Boten, die Sie ins Land hinausschicken. Die Befehle, die sie in sich tragen, werden auf jeden Fall befolgt, was auch immer ihr Inhalt ist.

Meist sind es Gedanken der Isolation und der Ohnmacht, die einen Beitrag zum Gemeinschaftsleben unnötig oder unmöglich erscheinen lassen, wie z. B.: »Mit den anderen habe ich nichts zu tun. Es reicht, wenn ich meine Steuern zahle«, »Was die anderen machen, ist mir gleich. Es schaut sowieso jeder nur auf sich« oder aber: »Auf mich hört ja keiner«, »Ich bin ja schon viel zu alt«, »Die anderen wollen mich nicht« und so weiter und so fort.

Spüren Sie solche oder ähnliche Gedanken bei sich auf, und entscheiden Sie sich, sie nicht mehr zu denken. Die Macht dazu haben Sie. Sie sind der Herr über Ihre Gedanken. Der Verstand und die Gedanken sind Ihnen als Werkzeuge untergeordnet. Das ist die seit jeher bestehende Ordnung. Sie haben die Entscheidungsgewalt darüber, ob Sie einen Gedanken, der Ihnen in den Sinn kommt, weiterdenken oder ob Sie ihn fallen lassen. Der König entscheidet, welche Boten er mit welchen Befehlen ins Land schickt.

Lassen Sie die hemmenden Gedanken einfach fallen. Allerdings werden sie zunächst wieder auftauchen. Zu gewohnt sind Sie es, Ihr Leben von ungeprüften Gedanken behindern zu lassen.

Spüren Sie diese Gedanken immer wieder aufs neue auf, und

lassen Sie sie sofort fallen. Das ist nun Ihre Aufgabe. Zunächst ist das harte Arbeit und erfordert ein hohes Maß an Selbstbewußtsein. Aber es lohnt und zahlt sich reichlich aus.

Der König schafft zunächst Ordnung: »Alles hört auf meinen Befehl!« Unerwünschte Boten (Gedanken) werden in die Wüste geschickt. Keiner verläßt mehr die Burg ohne den ausdrücklichen Befehl des Königs. Die vorher übermächtigen Minister mit den bekannten Namen »Egoismus«, »Arroganz« und »Kleinheitsglaube« werden fristlos entlassen.

Der König ist sich nicht mehr zu schade, sich für die Belange der großen Gemeinschaft der Könige einzusetzen. Er bittet die Könige der Welt an seinen Tisch und liefert die Waren seines Landes in andere Länder, wo sie dringend gebraucht werden. Auch begibt sich der König nun öfter auf Reisen und wirkt am großen Ganzen mit.

Konkret:

• Sie übernehmen selbst die Verantwortung für die Situation, in der Sie im Gemeinschaftsleben stehen.
• Sie geben jeden Gedanken an Isolation und Ohnmacht auf.

Dann setzen Sie zum zweiten Schritt an.

2. Schritt: Urteil aufgeben. Vergebung. Die Last ablegen.

Sie sind nicht allein. Sie sind von Gottes Gnaden. Gott ist bei Ihnen. Bevor Sie aber Seinen Rat und Seine Tat (3. Schritt) annehmen können, muß erst Ihre Trennung vom Göttlichen rückgängig gemacht werden. Die Trennung ist rein gedanklich. In Wirklichkeit sind Sie niemals von Gott getrennt worden. Die gedankliche Abtrennung von Gott ist das Ur-teil, das erste Teilen der Ganzheit. Genau dieses Urteil, das Urteilen überhaupt, müssen Sie aufgeben.

In diesem Fall geht es um das Urteil über die Gemeinschaft oder Gesellschaft, in der Sie leben, und auch um das Urteil über Ihren bisherigen Beitrag dazu. Geben Sie das Urteil darüber auf, und schauen Sie auf das Ganze. Das bedeutet, auch die Zeit nicht in Teile zu zerlegen. Schauen Sie neben der gegenwärtigen Lage auch auf die Gemeinschaftsformen der Vergangenheit, und öffnen Sie Ihren Geist ebenso für die Gemeinschaft der Zukunft.

Urteilen Sie weder über die vergangenen und gegenwärtigen Gesellschaftsformen, noch über Ihre Visionen der Gemeinschaft, an der Sie in Zukunft teilhaben möchten. Denn die Zukunft kann an der Gegenwart nicht gemessen werden. Ihre Visionen werden Ihnen nicht ohne Grund eingegeben, sie sind wertvoll und bilden den Grundstein und das Fundament für die zukünftige Entwicklung der Gemeinschaft, in der Sie leben.

Die bisherige Gemeinschaftsform ist weder gut noch schlecht. Auch die Art und Weise, wie Sie bisher zum Gemeinschaftsleben beigetragen haben, ist weder gut noch schlecht. Spielen Sie nicht den Richter, der glaubt, alles besser zu wissen. Es war, wie es war. Und es ist, wie es ist. Stimmen Sie zu, wie sich das Gemeinschaftsleben um Sie herum bisher gestaltet hat. Geben Sie das Urteil auf!

Sodann üben Sie aus vollem Herzen Vergebung. Vergeben Sie allen Menschen, die vielleicht dazu beigetragen haben, daß der Gedanke an ein Gemeinschaftsleben für Sie unattraktiv geworden ist.

Vergeben Sie Ihren Eltern, wenn Sie glauben, daß sie Sie in Gedanken der Isolation und der Ohnmacht erzogen haben. Vergeben Sie den Politikern, was auch immer Sie ihnen vorwerfen.

Vergeben Sie dem Leben, das von Ihnen Engagement statt Rückzug, Öffnung statt Verhärtung und Liebe statt Haß fordert, bevor es Sie in die Fülle des gemeinsamen Erlebens einweiht. Vergeben Sie sich selbst für alle Unzulänglichkeit, für alle Angst und jeden Griesgram, der Sie in die Einsamkeit treibt.

Vergeben Sie vor allem, und das ist sehr wichtig, vergeben Sie auch Gott, daß Er die Welt so eingerichtet hat, wie sie ist. Stimmen Sie Gott und der Welt zu. Sie stimmen damit auch Ihrer Herkunft zu, die göttlich ist. Sie sind ein Sohn oder eine Tochter Gottes. Ihnen gebührt nur das Beste.

Das beste ist das Leben in einer Gemeinschaft, in der Sie wie ein König unter Königen leben und Gott in Ihrer Mitte wissen. Gegenseitige Hochachtung und persönlicher Einsatz für das Wohl aller bestimmen das Zusammenleben. Die persönliche Sphäre des einzelnen wird gewahrt, und doch fließen die Möglichkeiten und Fähigkeiten der Menschen zu einem großen Ganzen zusammen.

Für alle Lebensbereiche gibt es genügend Mittel und Raum. Die strahlende Freude Gottes liegt auf den Gesichtern. Die Freiheit des Menschen liegt in der Zustimmung zur eigenen Bestimmung. Hier finden Sie Freude und Glück.

Ihre bisherigen Erfahrungen im Gemeinschaftsleben bilden die Grundlage. Nichts war umsonst, auch nicht der Ärger und die Unzufriedenheit. Alles hat seinen Sinn.

Üben Sie wahre Vergebung mit Demut im Herzen!

Von Leuten, denen die Vergebung noch schwerfällt, werde ich manchmal gefragt, was man denn tun könne, wenn die Vergebung einfach nicht so recht klappen will. Ich erzähle dann über eine sehr hilfreiche und einfache Form der Vergebung, die ich auch Ihnen ans Herz legen will:

Die Last ablegen

Gehen Sie an einen Platz in der Natur, eine Wiese, eine Waldlichtung, und legen Sie dort alles das nieder, was Sie einem anderen Menschen nachtragen. Die Last, die Sie niederlegen, lassen Sie dort liegen und gehen erleichtert und befreiten Gemütes weg.

Das ist ein starkes und wirkungsvolles Ritual. Jeder kann es ausprobieren. Es kommt nur auf die eigene Bereitschaft an.

Üben Sie wahre Vergebung. Werden Sie auf diese Weise reif für den dritten Schritt. Werden Sie reif zu erfahren, was Sie selbst tun können, welche Rolle Ihnen im Gefüge der Gemeinschaft zukommt. Werden Sie reif zu erfahren, was für Sie das Beste im Gemeinschaftsleben ist.

Setzen Sie nun zum dritten Schritt an.

3. Schritt: Rat und Tat Gottes.
Demut und Freude.

Wenn Sie herausfinden wollen, was Ihr Beitrag zur Gemeinschaft sein kann, vertrauen Sie keiner Werbung, keinem Politiker und keiner Statistik. Richten Sie sich nicht nach einem offiziell ausgewiesenen Bedarf. Vertrauen Sie Gott. Fragen Sie Ihn. Holen Sie Seinen Rat ein.

Der Rat Gottes

Der König zieht sich im Gebet an einen ruhigen Ort zurück und bittet Gott um Seinen Rat. Sie wissen bereits, daß Gott zu Ihnen über die innere Stimme und über äußere Zeichen spricht. Ihre Bitte aber ist dazu notwendig. Ihre Ohren und Augen öffnen sich nur in der Demut des Herzens und nach der ausgesprochenen Bitte.

Bitten Sie Gott um genaue Anweisungen. Formulieren Sie Ihre Frage präzise. Beten Sie z. B.: »Vater, ich weiß nicht, was ich konkret zum Leben in der Gemeinschaft (Dorf, Stadtteil, soziale Einrichtung, Nachbarschaft usw.) beitragen kann. Bitte offenbare mir, was für mich richtig und gemäß ist. Was kann ich konkret tun? Bitte, laß mich Deine Stimme deutlich hören oder schick mir ein eindeutiges Zeichen, das ich klar verstehen kann. Ich danke Dir, Vater, und ich preise Dich. Amen.«

Wenn Sie so oder ähnlich beten, werden Sie Antwort bekommen. Finden Sie auf jeden Fall Ihre eigenen Worte; vielleicht haben Sie ja eine ganz anders geartete Frage in bezug auf das Gemeinschaftsleben. Wichtig ist der Geist des Bittgebets: Es ist eine demütige Bitte, keine Forderung. Benutzen Sie eine ganz klare Sprache, keine verwaschenen Formulierungen.

Seien Sie nach dem Gebet aufmerksam und bereit. Die Antwort kann in den nächsten Minuten kommen oder in einigen Tagen oder Wochen. Bitten Sie jeden Tag um die Antwort auf Ihre Frage. Schärfen Sie Ihre Sinne in der Stille. Ziehen Sie sich täglich in die Meditation zurück. Die Zwiesprache mit Gott braucht Raum und Zeit. Wem es das nicht wert ist, der bleibt ein Unwissender.

Der König findet den Gral zunächst nur in der Stille, in die er sich täglich begibt. Schaffen Sie sich Raum und Zeit für die Zwiesprache mit Gott. Das ist das Übungsfeld, mit dem Sie beginnen. Das Ziel ist weiterhin, die Gegenwart Gottes auch im Alltag zu erspüren, ganz egal, was Sie gerade tun. Die Zeiten der Stille sind dafür Voraussetzung und fester, beständiger Grund.

Gehen Sie schon heute in die Stille, und machen Sie Ihre eigenen Erfahrungen. Sie brauchen dazu nicht mehr als den ehrlichen Willen, sich Gottes Wort zu stellen. Sie gewinnen dabei das Leben.

Ein äußeres Zeichen können Sie zwar jederzeit und an jedem Ort erblicken. Es braucht jedoch Ihre geschärften Sinne. Sie müssen dazu auch alles vergessen, was Sie über Naturwissenschaft und Logik wissen. Logische und naturwissenschaftliche Erklärungen spielen in diesen Bereichen keine Rolle. Ein äußeres Zeichen, das Ihnen von Gott als Antwort auf eine Frage geschickt wird, ist ein Wunder. Die Gesetze der Logik sind dabei außer Kraft gesetzt. Ein Wunder richtet sich weder nach der Schwerkraft, noch nach Zeit und Raum. Vergessen Sie auch den Zufall.

Ein äußeres Zeichen können Sie deshalb mit dem Verstand nicht verstehen. Sie erfassen es mit der Ganzheit Ihres Wesens, mit Ihrer spontanen Intuition. Die Bedeutung eines äußeren Zeichens fliegt Ihnen, wenn Sie dazu bereit sind, von selbst zu. Sie sind Empfänger der Bedeutung, nicht der Deuter. Es fällt Ihnen wie Schuppen von den Augen. Die Erkenntnis ist plötzlich da, oft blitzartig.

Ich empfehle Ihnen, auf der Suche nach einem äußeren Zeichen in die Natur zu gehen. Drei bis vier Stunden sollten Sie sich schon Zeit nehmen. Bevor Sie losgehen, bringen Sie sich zur Ruhe, indem Sie eine für Sie geeignete Entspannungsübung durchführen. Bewährt hat sich die bereits beschriebene Heilmeditation nach Bruno Gröning.

Danach lege ich mich oft noch eine gute Weile in eine Hängematte und höre dazu entspannende Musik. Erst dann gehe ich auf die Visionssuche, stelle Gott meine spezielle Frage in Form eines Bittgebets und setze dann meinen Weg in der Natur fort.

Die Visionssuche nach äußeren Zeichen kann Ihnen wesentliche

Aufschlüsse über Ihren Beitrag zum Leben in der Gemeinschaft schenken.

Äußere Zeichen sind genau auf die Fragestellung und die Person des Fragers zugeschnitten. Machen Sie jedoch nur solche Zeichen zur Grundlage Ihres Handelns, die Sie zweifelsfrei verstehen. Sonst besteht die Gefahr, daß Sie den eigenen, egozentrischen Willen in ein äußeres Zeichen hineinlegen. Um das unterscheiden zu können, braucht es einige Übung. Die Sicherheit in diesen Dingen können Sie sich aber nicht erarbeiten, sie wird Ihnen durch Übung verliehen. Plötzlich sind Sie sich einer Sache ganz gewiß. Sie wissen selbst nicht genau wie, aber der Zweifel ist verschwunden. Mit solcher Sicherheit ausgestattet, können Sie dann handeln. Der Gralskönig versteht, daß er ein Gesandter Gottes ist. Ein einfaches Beispiel eines äußeren Zeichens möchte ich Ihnen an dieser Stelle noch erzählen:

Beispiel: Bücher, die verändern helfen

In den Monaten, in denen ich dieses Buch schrieb, lebte ich ziemlich zurückgezogen. An einem sonnigen, sehr windigen Novembertag stellte sich mir die Frage, ob ich mich nicht zu sehr abkapselte und das Gemeinschaftsleben über Gebühr vernachlässigte. So bat ich Gott im Gebet, er möge mir ein äußeres Zeichen schicken, wenn es etwas gäbe, was ich derzeit zum Leben in der Gemeinschaft beitragen sollte.

Bevor ich mit meiner Arbeit fortfuhr, nahm ich mir die Zeit, mich langsam im Zimmer umzuschauen. Denn, wie gesagt, manchmal kommt die Antwort schon in den Sekunden und Minuten nach der Bitte.

Dabei fiel mir auf dem Tisch eine Werbeschrift eines Verlags ins Auge. Ich nahm sie zur Hand und las, was dort in großen, dicken Lettern geschrieben stand: »*Bücher, die verändern helfen.*«

Sofort spürte ich ein Lächeln auf meinem Gesicht, denn ich verstand, daß die Arbeit an diesem Buch mein derzeitiger Beitrag zur Gemeinschaft war. Bestärkt fuhr ich in meiner Arbeit fort.

Die Tat Gottes

Was tun, wenn Sie keine innere Stimme hören und keine äußeren Zeichen erkennen oder sie einfach nicht klar deuten können? In diesem Fall steht Ihnen noch ein weiteres, sehr machtvolles Mittel zur Verfügung. Sie legen alles in Gottes Hände und geben zu, daß Sie selbst machtlos sind und nicht mehr weiterwissen.

Wenn Sie trotz Ihres Bemühens nicht herausfinden, welcher Beitrag zur Gemeinschaft gottgewollt ist, überlassen Sie das Handeln Gott und warten in Geduld und Vertrauen ab, was geschieht. Vielleicht ruft Sie jemand an und bittet gerade Sie um Mithilfe bei einem Projekt der Gemeinde, oder ein Nachbar hat die Idee, gemeinsam einen Brotbackofen zu bauen. Was auch immer geschieht, Gott fügt alles zum Guten.

Es kommt aber auch hier ganz wesentlich auf Ihr Bittgebet und auf Ihr Vertrauen an. Neue Wege werden Ihnen eröffnet. Urteilen Sie nicht über die Dinge, die geschehen. Gottes Wege sind manchmal sonderbar und überraschend.

Seien Sie im geduldigen und vertrauensvollen Abwarten aber auch darauf vorbereitet, daß sich Gott an einem bestimmten Punkt entschließt, Sie in die Entwicklung aktiv miteinzubeziehen. Dann braucht Er Ihre Hilfe. Dann sind Sie Sein verlängerter Arm hier auf Erden. Wenn Sie also an einem bestimmten Punkt die innere Stimme hören oder Ihnen ein äußeres Zeichen ins Auge springt, nehmen Sie es ernst, und handeln Sie danach. Nehmen Sie dazu Ihren ganzen Mut und Ihre ganze Kraft zusammen. Es wird gelingen. Gott hält Sie.

Konkret:

- Gehen Sie jeden Tag in die Stille, um die innere Stimme zu hören. Werden Sie zur Schale, die empfängt.
- Gehen Sie bei offenen Fragen in die Natur zur Visionssuche, und finden Sie die Botschaft in äußeren Zeichen.
- Wenn Sie danach noch nicht wissen, was zu tun ist, übergeben Sie das Problem vertrauensvoll Gott. Halten Sie aber weiterhin Augen und Ohren offen.

13. Kapitel

Der Tod

Der Tod am Fenster

Nichts bringt mehr Sinn in das Leben als der Tod. Gäbe es ihn nicht, wäre alles sinnlos. Tausendfache Erfüllung aller Sehnsüchte führt zur Langeweile, vielleicht nicht nach zehn Jahren, bestimmt aber nach tausend Jahren.

Ein Leben ohne den Tod gibt es nicht. Der Tod gehört zum Leben wie die Geburt. Sie ist ein freudiges Ereignis, aber auch der

Tod bringt für den Verstorbenen Freude. Alle Menschen, die klinisch tot waren und wiederbelebt wurden, berichten übereinstimmend, daß sie mit großer Freude in ein helles Licht hineingingen, aus dem sie nur ungern wieder in das gewohnte Leben zurückkehrten. Durch die Todeserfahrung wurde das Leben für diese Menschen verändert. Sie haben die Angst vor dem Tod, ja die Angst überhaupt, verloren.

Im Klartext: Der Tod ist kein Ende. Er ist die Geburt in ein neues Leben. Im Tod erweitert sich das Bewußtsein zu der Erkenntnis, daß der Mensch ewig lebt. Licht und Wohlbefinden umgibt uns. Nichts von Strafe, Fegefeuer oder Hölle! Furcht vor dem Tod ist nicht angebracht. Nur der Körper wird abgelegt. Der Geist und die Seele leben weiter.

Die Aussöhnung mit dem Tod und dem eigenen Sterben ist eine der großen Lebensaufgaben. Wem das gelingt, der gelangt zur Herrschaft über sein Leben. Er verliert die Angst und gewinnt den Mut, voll und ganz im Leben zu stehen.

Der Tod ist uns genauso gegeben wie das Leben. Wir können das eine nicht ohne das andere haben. Wir können nur das Ganze nehmen. Leben und Tod sind Gaben, die der Mensch am Besten in Demut entgegennimmt. Niemand lebt sich selber, keiner stirbt sich selber.

Wie wir den Tod annehmen, so nehmen wir das Leben an. Die Aussöhnung mit dem eigenen Sterbenmüssen gelingt, wenn Ihnen die Freude des Lebens nach dem Tode schon jetzt zur Gewißheit wird. Ich sage ganz bewußt »Gewißheit«, denn Glauben alleine reicht nicht. Der Glauben birgt nämlich noch den Zweifel.

Gewißheit erlangt der Mensch nur durch Erfahrungen. Das können Geschehnisse sein, die Sie körperlich mit Augen und Ohren wahrnehmen oder aber mit dem geistigen Auge schauen. So kann Ihnen eine Gotteserfahrung in der Vision oder in einem Traum erscheinen. Machen Sie sich keine Gedanken, wie Sie einen Erfahrungstraum von einem nebensächlichen Traumbild unterscheiden können. Die wichtige Vision, der bedeutende Traum macht sich auf eine Weise bemerkbar, die keinen Zweifel mehr zuläßt. Sie werden es ganz einfach wissen, wenn der Engel des Herrn Sie berührt.

Das Drei-Schritte-Programm mag Ihnen im Verlust geliebter Menschen beistehen oder Ihnen auch den Umgang mit dem eigenen Tod erleichtern, selbst wenn er vielleicht noch weit in der Zukunft liegt. Haben Sie den Mut, sich auch diesem Bereich zu widmen. Sie werden Wesentliches für Ihr Leben gewinnen.

1. Schritt: Der König bin ich.
Alles hört auf meinen Befehl!

In Ihrem Leben, in Ihrem Land regieren Sie selbst. Nehmen Sie das als Wahrheit an, setzen Sie sich auf den Thron, und schauen Sie hinaus auf Ihr Land, in diesem Fall auf den Bereich Sterben und Tod.

Wie sterben die Menschen in Ihrem Land? Allein oder in der Mitte der Familie? Was denken Sie über den Tod und das Leben danach? Welche Beerdigungsriten werden in Ihrem Land vollzogen? Gilt der Verstorbene als verloren und ausgelöscht oder wird mit ihm im Herzen und im Geist Kontakt gehalten? Wird er vielleicht sogar zum Schutzengel?

Schauen Sie sich alles an. Sie wissen jetzt schon, daß alles, was in Ihrem Land vor sich geht, Sie selbst angeht. Machen Sie Bestandsaufnahme. Wie ist es? Wie würden Sie es sich wünschen? Nehmen Sie sich dazu die Zeit, die Sie brauchen, mindestens aber eine Viertelstunde!

Seien Sie sich nun bewußt, daß die bestehende Situation, wie auch immer sie aussehen mag, durch die Macht Ihrer Gedanken geschaffen wurde. Sie sind der König.

Schon dieser erste Punkt ist enorm wichtig. Die meisten scheitern hier, denn sie weisen den anderen Menschen, dem Pfarrer, dem Schicksal oder Gott die Schuld an der eigenen Einstellung zum Sterben zu und wollen von dieser Einstellung nicht lassen. Aber gerade das ist in diesem wichtigen Bereich notwendig, wenn es eine Veränderung in Richtung auf Leichtigkeit und Tiefe geben soll.

Niemand ist zu beschuldigen. Nur Sie selbst haben die Schlüssel in der Hand. Gewöhnlich erschweren folgende, verbreitete Gedanken die Aussöhnung mit Leben und Tod: »Mit dem Tod ist alles vorbei«, »Ich habe zu wenig Zeit im Leben«, »Wer weiß, was kommt?«, »Ich bin ein Sünder. Die Strafe erhalte ich nach dem Tod«, »Vielleicht werde ich verstoßen«, »Vom Tod will ich nichts wissen, der kommt früh genug« usw.

Spüren Sie alle Gedanken bei sich auf, die das Thema Tod betreffen, und überprüfen Sie, ob es eigene oder übernommene Gedanken sind. Übernommene Gedanken sind solche, von denen Sie kein inneres Wissen haben, von deren Inhalt Sie nicht wirklich überzeugt sind. Überzeugt wird der Mensch nur dadurch, daß er selbst Zeuge wird, daß er einem Geschehen als Zeuge beiwohnen darf. Jeden als übernommen erkannten Gedanken legen Sie am besten sofort weg. Die Macht dazu haben Sie. Sie sind der Herr über Ihre Gedanken.

Natürlich laufen Sie zunächst Gefahr, nun als ein Unwissender dazustehen, als ein König, der zugeben muß, daß er über den Tod und damit über das Leben nichts weiß. Aber wenn das die Wahrheit ist, ist es in Ordnung, es zuzugeben. Es ist tausendmal besser, als königliche Boten ins Land zu schicken, die fremde und falsche Botschaften über Fegefeuer oder Sinnlosigkeit unter dem Volk verbreiten.

Der König schafft zunächst Ordnung: »Alles hört auf meinen Befehl!« Unerwünschte Boten (Gedanken) werden fortgeschickt. Keiner verläßt mehr die Burg ohne den ausdrücklichen Befehl des Königs. Die vorher regierenden Minister mit den bekannten Namen »Angst«, »Gleichgültigkeit«, »Sinnlosigkeit« und wie sie alle heißen werden fristlos entlassen. Zu lange schon haben sie den König von der wahren Erkenntnis des Lebens zurückgehalten.

Nun ist die Ordnung wiederhergestellt. Der König weiß, wer er ist. Das Zepter ist in fester, richtiger Hand.

Konkret:

- Sie stöbern jeden Gedanken auf, den Sie über den Tod in sich tragen.
- Sie lassen jeden Gedanken fallen, den Sie als übernommen erkennen.

2. Schritt: Urteil aufgeben. Vergebung.
Die Zeit ist reif.

Wie kann ein unwissender König wissend werden? Wie erkennen Sie die Wahrheit über Leben und Tod?

Keiner erlangt Wissen aus sich selbst! Wissen und Weisheit werden uns geschenkt. Keiner braucht sich darauf etwas einzubilden.

Doch auch hier steht Ihnen Gott mit Rat und Tat zur Seite. Bevor Sie aber Seinen Rat und Seine Tat (3. Schritt) sehen und annehmen können, muß erst Ihre Trennung von Gott rückgängig gemacht werden. Die Trennung ist rein gedanklich. In Wirklichkeit sind Sie niemals von Gott getrennt worden. Die gedankliche Abtrennung von Gott ist das Ur-teil, das erste Teilen der Ganzheit. Genau dieses Urteil, das Urteilen überhaupt, müssen Sie aufgeben.

In diesem Fall geht es um das Urteil über Ihren bisherigen Umgang mit dem Tod und den Begrenzungen des Lebens überhaupt. Es geht auch um das Urteil darüber, daß Ihnen der Tod vielleicht schon einen lieben Menschen genommen hat. Geben Sie das Urteil darüber auf, und schauen Sie auf das Ganze. Ihre bisherigen Erfahrungen sind weder gut noch schlecht. Spielen Sie nicht den Richter über Ihr bisheriges Leben. Es war, wie es war. Stimmen Sie zu, wie auch immer der Tod in Ihr Leben eingegriffen hat und wie auch immer Sie darauf reagiert haben.

Sodann üben Sie aus vollem Herzen Vergebung. Vergeben Sie den Eltern, dem Lehrer und dem Pfarrer, wenn sie Ihnen mit den Vorstellungen über Sünde, Fegefeuer und Hölle Angst gemacht oder sie Ihnen beigebracht haben zu denken, daß der Tod das absolute Ende sei. Sie können sicher sein: Alles, was Ihnen je Angst gemacht oder Ihnen auf irgendeine Weise das Gemüt beschwert hat, hat die Wahrheit nicht getroffen. Legen Sie diese Botschaften auf die Seite, und vergeben Sie den Menschen, durch die sie Ihnen vermittelt wurden.

Halten Sie kein einziges Feindbild aufrecht! Vergeben Sie auch allen Menschen aus Ihrem Umfeld, die bereits gestorben sind, falls Sie ihnen noch etwas nachtragen – und wenn es nur das ist, daß sie so früh gegangen sind. Vergeben Sie sich selbst für alle Fehler, Versäumnisse und verpaßten Gelegenheiten. Vergeben Sie dem Leben, daß es das Sterben mit sich bringt.

Vergeben Sie vor allem, und das ist sehr wichtig, vergeben Sie auch Gott, daß Er die Welt so eingerichtet hat, wie sie ist. Stimmen Sie Gott und der Welt zu. Sie stimmen damit auch Ihrer Herkunft zu. Sie sind ein Sohn oder eine Tochter Gottes. Ihnen gebührt nur das Beste.

Das beste ist, daß Sie die Wahrheit über den Tod und seine Bedeutung für das Leben erfahren. Wahre Erkenntnis ist das Erbe jedes Gotteskindes.

Aber nicht durch Menschen kann Ihnen wahre Erkenntnis zukommen. Anderen Menschen könnten Sie nur glauben, ohne zu wissen. Der Zweifel bliebe. Deshalb kann und will auch ich Ihnen nicht sagen, was Sie denken sollen. Ich zeige Ihnen lediglich einen Weg zu eigener Erkenntnis.

Wahre Erkenntnis liegt in Ihnen selbst, dort wo Gott wohnt, in Ihrem Herzen. Von dort kann sie Ihnen zu Bewußtsein kommen. Gott hilft Ihnen dabei, ja er macht den letzten Schritt zu Ihnen hin, wenn Sie dazu bereit sind.

Üben Sie zunächst wahre Vergebung mit Demut im Herzen. Ihre bisherigen Erfahrungen bilden die Grundlage. Nichts war umsonst. Alles hat seinen Sinn. Werden Sie durch die Vergebung reif für den dritten Schritt. Werden Sie reif, die Wahrheit über Leben und Tod zu erfahren.

Nachdem der König Ordnung in seinem Land geschaffen und Gott und den Menschen vergeben hat, kniet er nieder und bittet Gott um Offenbarung. Des Königs Ohren öffnen sich für die göttlichen Eingebungen. Plötzlich sehen seine Augen, und sein Geist versteht. Jetzt ist die Zeit reif für den dritten Schritt.

3. Schritt: Rat und Tat Gottes.
Der Tod ist nur ein Gleichnis.

Welche Einstellung zum Tod ist denn nun die richtige, welche ist eines Königs würdig? Was sollen Ihre Boten (Ihre Gedanken) im Land verkünden?

Der Rat Gottes

Um Antwort auf diese Fragen zu erlangen, zieht sich der König an einen ruhigen Ort zurück und bittet Gott um Seinen Rat. Bitten Sie in aller Demut. Niemand kann Antworten auf dieser Ebene verlangen. Legen Sie Ihr Anliegen klar dar. Beten Sie z. B.: »Vater-Mutter-Gott, ich weiß nicht, wie ich mit dem Tod umgehen soll. Ich weiß nicht, was ich über ihn denken soll. Bitte offenbare mir die Wahrheit über den Tod. Laß mich Deine Stimme deutlich hören oder schick mir ein eindeutiges Zeichen. Ich danke Dir, Vater-Mutter-Gott, und ich preise Dich. Dein Wille geschehe. Amen.«

Finden Sie Ihre eigenen Worte.

Eine Bitte dieser Art spricht man natürlich nicht leichtfertig aus, um z. B. einfach mal zu sehen, ob das Drei-Schritte-Programm funktioniert. Sie würden keinerlei Antwort bekommen.

Basis und Voraussetzung ist immer Ihre innere Bereitschaft, Botschaften zu empfangen. Erst wenn Sie ein ernsthaftes Anliegen haben, erhalten Sie Antwort. Dann sind Sie zur notwendigen Demut fähig, die Ihnen Augen und Ohren öffnet.

Die *innere Stimme* hören Sie nur in der Stille Ihres Herzens. Seien Sie aufmerksam und bereit. Die Antwort kann gleich kommen oder bei der nächsten Gelegenheit, bei der Sie mit dem Thema Tod konfrontiert sind.

Über *äußere Zeichen* haben Sie in diesem Buch schon viel gelesen. Lassen Sie in den Minuten nach dem Bittgebet Ihre Augen frei schweifen. Wenn Ihr Blick auf einen Gegenstand fällt, der eine eindeutige Botschaft für Sie enthält, werden Sie es erkennen. Lassen Sie sich Zeit dazu. Vielleicht möchten Sie auch einige Stunden mit diesem Thema auf Visionssuche gehen. Sie haben alle Möglichkeiten. Es kommt auf Sie an.

Die Tat Gottes

Wenn Ihnen der Rat Gottes über die innere Stimme oder die äußeren Zeichen nicht zugänglich ist, steht Ihnen noch das machtvolle Mittel zur Verfügung, Gott die Sache voll und ganz zu übergeben. Dieser

Weg bietet sich vor allem an, wenn das Thema Tod an die erste Stelle in Ihrem Leben rückt, wenn ein lieber Mensch im Sterben liegt oder Sie selbst von einer lebensgefährlichen Krankheit betroffen sind.

Nehmen Sie Gottes Hilfe an, indem Sie z. B. beten: »Vater, ich bin der Situation (genaue Beschreibung) machtlos ausgeliefert. Ich weiß selbst nicht mehr weiter. So bitte ich Dich um Hilfe. Bitte laß etwas geschehen, das mir weiterhilft. Ich übergebe es ganz Dir, damit Du die Lösung findest. Auf Dich vertraue ich. Ich danke Dir für Deine Hilfe, und ich preise Dich. Dein Wille geschehe. Amen.«

Das Gebet hat machtvolle Wirkung. Wichtig ist natürlich Ihre innere Einstellung. Stehen Sie hinter Ihren Worten! Vertrauen Sie wirklich, ohne jeden Zweifel. Vertrauen ist gerechtfertigt. Beten Sie im Vertrauen und in Demut. Beten Sie mit der Sicherheit und der Würde eines Gotteskindes.

Beobachten Sie dann voller Vertrauen in den nächsten Stunden und Tagen, was geschieht. Vielleicht wird Ihnen eine Vision oder ein Traum gesandt, oder Sie öffnen irgendwo ein Buch, und Ihre Augen fallen auf einen Satz, der Ihnen Gewißheit bringt. Oder Sie blicken in die Augen eines Sterbenden und erkennen plötzlich die Wahrheit. Was auch immer geschieht – Gott steht Ihnen bei.

Zum Schluß dieses Kapitels möchte ich noch einen Gedanken mit Ihnen teilen, der mir zur Gewißheit geworden ist. Er kam mir zu Bewußtsein, als ich am Text einer Weihnachtskantate arbeitete:

»Der Tod ist nur ein Gleichnis, damit Du, Mensch, das Leben erkennst, das nie vergeht!«

14. Kapitel

Das wiedergefundene Paradies

Das Wassernetz

Das Paradies wiederzufinden ist unser aller Ziel. Es ist auch unsere Bestimmung. Unser Lebensweg führt ins Paradies. Dorthin, wo unser Ursprung liegt, müssen wir zurückkehren, welche Wege oder Irrwege wir auch einschlagen mögen. Durch Unzufriedenheit, Unruhe, Wünsche und Sehnsüchte werden wir angetrieben, uns immer wieder auf den Weg zu machen. Erst im Paradies kommen wir wirklich an, dort wo Frieden und dauerhaftes Glück herrscht, wo jeder Wusch und jede menschliche Sehnsucht gestillt ist.

Manch einem mag solch ein Zustand zweifelhaft erscheinen. Wird das nicht langweilig sein? Aber nur das Ego hat solche Bedenken. Das Ego möchte auf keinen Fall ins Paradies, weil es weiß, daß es dort nicht existieren kann. Zuerst muß der Mensch das Ego ablegen, es sterben lassen, bevor er ins Paradies eingelassen wird. Der vom

Ego befreite Mensch strebt zum Paradies und erstrahlt in großer Freude, wenn es endlich soweit ist.

Wie das Paradies wirklich aussieht, kann niemand beschreiben. Es muß unbeschreiblich schön sein. Das Paradies ist sicher kein irdischer Ort, an den man körperlich reisen könnte. Geographische Suchaktionen sind zwecklos.

Das Paradies ist ein geistiger Zustand, ein Zustand des Bewußtseins. Der Mensch, der zum paradiesischen Bewußtsein gelangt ist, erschafft allein durch dieses Bewußtsein das Paradies in seiner Umgebung. Er erschafft das Paradies auf Erden. Aber nur er selbst kann es sehen. Den anderen Menschen, die ihr Bewußtsein noch nicht in diesem Maße erweitert haben, den Menschen, die noch egobezogen sind, wird der Anblick und der Zugang zum Paradies verwehrt.

Das biblische Bild dafür sind die Cherubim, die das Paradies mit dem Flammenschwert bewachen und nur die Menschen einlassen, die würdig sind, vom Baum des Lebens zu essen. Wer das Ego hineinschmuggeln will, hat keine Chance. Die Zerstörung muß draußen bleiben.

Wenn wir auch nicht wissen, wie das Paradies aussieht, ein bißchen phantasieren dürfen wir schon. Allein das völlige Fehlen des Ego kann uns dabei als Anhalt dienen. Und natürlich hat jeder Mensch eine unbewußte Erinnerung an das Paradies. Im Universum geht keine Information verloren.

Im Paradies gibt es keine Mißgunst, keinen Neid, kein Suchen, kein Getriebenwerden, keine Angst, keine Not, keinen Mangel, keine Beleidigung, keinen Wettkampf, kein Leid, keinen Tod, überhaupt keine mißlichen Dinge. Zu erwarten sind Wohlstand, Wohlwollen, Zuneigung, wahre Harmonie, Frieden, bedingungslose Liebe und das Bewußtsein des ewigen Lebens. Sie können sich den paradiesischen Zustand selbst ausschmücken. Tun Sie das. Der Ausblick wird Ihnen guttun.

Die wichtigste Einsicht jedoch ist, daß das Paradies bereits Wirklichkeit ist. Alles, was Sie tun müssen, um es wahrzunehmen, ist, Ihr Bewußtsein zum Paradies hin zu erweitern. Die Möglichkeit und die

Freiheit dazu haben Sie. Die Freiheit des Menschen liegt in der Zustimmung zur eigenen Bestimmung.

Den Gral zu finden, ist unsere Aufgabe. Ihn, einmal gefunden, aus dem eigenen Herzen hoch emporzuheben, damit Gott ihn mit dem Paradies fülle, ist unsere Bestimmung. In diesem Sinne sind wir Menschen verbunden, sind wir eine Einheit. Unterschiede im Rang gibt es dann nicht mehr. Jeder erfüllt seinen Teil und ist sich des Ganzen bewußt.

Die Demut des Gralskönigs

Das Ego ist vom Paradies ausgeschlossen. Und so ist auch der Gralskönig, obwohl ausgestattet mit der Macht der Gedanken und eingesetzt als Mitschöpfer, im Paradies nichts Besonderes. Alle, die sich dort befinden, sind Gralskönige, und keiner ragt heraus. Einlaß wurde ihnen nur deshalb gewährt, weil sie ihre Besonderheit abgelegt haben und sich in die Welt fügen wie ein Sandkorn in den Strand oder ein Wassertropfen in den Ozean.

Das ist das Geheimnis und gleichzeitig das Paradoxon: Der König ist auf der einen Seite mit königlicher Würde und Vollmacht ausgestattet. Auf der anderen Seite ist er mit all seinen Fähigkeiten nur ein Dienender. Er dient dem Volk und der Welt insgesamt. Beides gehört untrennbar zusammen. Der König von Gottes Gnaden ist ein Diener, der vor Gott auf die Knie fällt und mit Liebe und ganzer Kraft seinem Volk dient.

All die königliche Macht wäre vergebens und nichtig, wäre sich der König seiner Kleinheit nicht bewußt, würde er sich nicht als Diener auffassen für das große Ganze. Keine Überheblichkeit darf sein Herz schmälern, kein Größenwahn seinen Blick trüben.

Erst die Demut setzt ihn auf den Thron, und erst die Liebe läßt seine Krone glänzen. Zur Demut gehört allerdings auch, daß Sie Ihr Licht nicht unter den Scheffel stellen. Es wäre eine falsche Demut, die den Mut sinken läßt und die Entfaltung der göttlichen Anlagen und Talente verhindert.

Seien Sie sich bewußt, daß der Mensch ein kleines Rädchen ist, erschaffen und bewegt von einem unermeßlich Größeren. Gerade in der Zustimmung zu dieser Kleinheit erwächst Ihnen der Mut zu wahrer Größe in Gott. Sie sind Teil eines ganz Großen. Sie sind ein unverzichtbarer Teil, frei im Willen und von göttlichem Geist beseelt. In der Zustimmung zum kleinen Teil erwächst das unteilbare Ganze, dem es sich in Freude und mit voller Entfaltung des Seins zu widmen gilt.

Lassen Sie das kleine Welten-Ich zur Seite treten, und werden Sie zur weit geöffneten Gralsschale, die von Gott reich gefüllt wird. Nähern Sie sich so Schritt für Schritt dem Paradies. Die flammenden Schwerter der Cherubim werden zu Fackeln, die Ihnen am Einlaß leuchten.

Die Furcht hat ein Ende. Unermeßliche Freude, wahre Erfüllung und tiefe Zufriedenheit sind Ihr paradiesisches Erbe.

Der Wert des Drei-Schritte-Programms kommt erst in der Anwendung zur vollen Geltung. Sicher werden Sie während des Lesens bereits erste Erfahrungen gesammelt haben. Ich ermutige Sie, diesen Erfahrungsschatz zu vergrößern, indem Sie auch die nächsten Probleme ebenfalls mit dem Drei-Schritte-Programm lösen. Bleiben Sie dran! Übung macht den Meister.

Gott zum Gruße!

Seminarinformationen

Der Autor bietet regelmäßig *Seminare zum Drei-Schritte-Programm*
an. In den Seminaren werden die Drei Schritte durch eigenes Erleben
auf spielerische Weise erlernt. Auch familiensystemische Seminare
nach Bert Hellinger werden vom Autor angeboten.

Bei Interesse fordern Sie bitte die Seminarinformationen an bei:

Verlag Hermann Bauer KG
Kennwort: Seminarinformationen Dr. Karl-Heinz Rauscher
Kronenstr. 2–4
D-79001 Freiburg
Telefon 07 61 / 70 82-0
Telefax 07 61 / 70 18 11

Literaturverzeichnis

Andreas, Peter / Rose Lloyd Davies: *Das verheimlichte Wissen.* Interlaken 1993.

anon.: *Ein Kurs in Wundern.* Gutach i. Br. 1994.

Brunton, Paul: *Entscheiden aus der Stille.* Freiburg i. Br. 1997.

Denzinger, Wolfgang: *Die zwölf Aufgaben des Herakles im Tierkreis.* München 1994.

Godwin, Malcolm: *Der Heilige Gral.* München 1994.

Matthews, John: *Der Gral.* Braunschweig 1992.

Meyer, Karl-Heinz: *Zukunftswerkstatt Gemeinschaftsprojekte.* 1993. Ökodorf-Institut, Ginsterweg 3, 31595 Steyerberg.

Osten, Henning van der: *Über die Welt und über Gott.* Bielefeld 1992.

Rauscher, Karl-Heinz: *Ohne Erde kein Himmel.* Kimratshofen 1995. (Eigenverlag)

Troyes, Chrétien de: *Perceval oder die Geschichte vom Gral.* 1993.

Weber, Gunthard: *Zweierlei Glück.* Heidelberg 1993.

Wolfram von Eschenbach: *Parzival.* München 1984.

Bitte beachten Sie die nachfolgenden Seiten

Verlag Hermann Bauer · Freiburg im Breisgau

Ludovika Helm

Mental in Form

Sich positiv motivieren mit Stimme und Körper
Probleme lösen – Wünsche erfüllen – Ziele erreichen

300 S. mit 244 Abb., geb.; ISBN 3-7626-0573-4

Was immer Sie in Ihrem Leben erreichen wollen, die erfolgreiche Mentaltrainerin Ludovika Helm gibt Ihnen dafür den Schlüssel in die Hand. Ihr Buch ist ein kompaktes Trainingsprogramm zur richtigen Selbstmotivation, das ganz neue Akzente und Maßstäbe setzt. Der systematische Aufbau des Mentaltrainings erleichtert Ihnen dabei ein rasches und erfolgreiches Vorgehen.

Um körperliche Spannungen abzubauen, werden zunächst wirkungsvolle Übungen vorgestellt. Danach beginnt das zielorientierte mentale Training. Durch die Kombination von Leitsätzen, Stimme und Bewegung kann sich jeder leicht selbst motivieren. Hierfür stehen 30 Übungen zu je einem Lebensthema zur Auswahl, wie z. B. Morgenmüdigkeit loswerden, das eigene Leben bejahen oder sich selbst verwirklichen.

Durch die Verinnerlichung der Übungsabfolge wird positives Denken zur Gewohnheit, und es ist ein leichtes, unsere Aufmerksamkeit jederzeit an jeden Ort zu lenken. Genau das richtige Buch für alle, die daran arbeiten, sich Wünsche zu erfüllen und eigene Ziele zu erreichen.

Verlag Hermann Bauer · Freiburg im Breisgau

Verlag Hermann Bauer · Freiburg im Breisgau

Erika J. Chopich und Margaret Paul

Aussöhnung mit dem inneren Kind

251 Seiten, gebunden; ISBN 3-7626-0536-X

Das innere Kind: Ein Thema, dem sich viele Ärzte, Psychologen und Autoren zugewandt haben – inzwischen ein Begriff, mit dem viele Therapeuten arbeiten. Es geht nicht um das »Kind im Manne«, sondern um das traurige, lachende, weinende, verrückte – und doch so weise Kind in jedem von uns, ob Mann oder Frau. Wie können wir den Kontakt zu dem Kind in uns herstellen, seine Stimme hören, alte Verletzungen heilen, Süchte und Einsamkeit auflösen, unserem inneren Kind ein liebevoller Erwachsener werden und damit die Voraussetzung für gute Beziehungen schaffen?

Die Autorinnen Chopich und Paul machen überzeugend klar, daß der erste Schritt zu geglückten Beziehungen im alltäglichen Leben die Aussöhnung mit unserem inneren Kind ist. Wie wir uns die Quelle von Lebensfreude und Kreativität erschließen und dem Kind in uns ein liebevoller Erwachsener werden – dazu gibt dieses Buch eine Fülle von Anregungen und Einsichten.

Nur durch die Integration des inneren Kindes können wir die Verletzungen aus unserer Kindheit heilen, unseren Eltern vergeben und mit dem wachsenden Bewußtsein für das eigene innere Kind selbst bessere Eltern werden. So kann die von Generation zu Generation weitergegebene Wunde geheilt werden.

Geben Sie Ihrem inneren Kind eine Chance! Erschließen Sie sich die Quelle von Lebensfreude und Kreativität!

Ein mit Einfühlung und Sachwissen geschriebener Ratgeber für alle, die innere Ganzheit anstreben oder Menschen in Krisen beraten.

Verlag Hermann Bauer · Freiburg im Breisgau